용어로 보는

중국역사

이야기

多樂房
다
락
방

본 책은 2020년 慶熙大學校 孔子學院의 出版지원을 받아 發刊 되있음.

용어로 보는

중국역사

이야기

多樂房

다
락
방

배우정 · 김수현 · 증무 · 배재석 지음

天网恢恢

井底之蛙

鹤立鸡群

虎头蛇尾

开源节流

沉鱼落雁

學古房

일러두기

1. 본서에 나오는 중국어 한자는 간체자로 표기한다.

2. 중국어 고유명사(지명, 인명, 서명 등)는 한자독음으로 병기한다. 단 처음에 제시될 때 중국어를 함께 병기하고 이하는 생략한다.

   예) 춘추시대春秋时代, 공자孔子, 《송사宋史·양시전杨时传》

3. 그 외에 역사적 주요사건, 관직명 등은 중국어와 함께 병기하고, 한국어로 부가적인 설명을 한다.

   예) 민지회맹渑池会盟(BC279년 진秦나라 왕이 일부러 조나라 왕을 조롱하려고 할 때, 분연히 맞서서 조나라 왕의 체면을 살린 회맹), 삼공지상三公之上(관직명), 숙량흘叔梁纥(공자의 아버지)

4. 각 장의 용어배열은 시대순으로 한다. 단, 동일 시대인 경우 중국어 병음순으로 배열한다.

언어는 그 시대와 사회를 대변한다. 중국 역사 속 용어에는 오랜 전통과 중국인들의 정신이 깃들어 있다. 특히 고사와 성어 속에는 그들의 이야기가 고스란히 녹아있고, 선현들의 삶의 지혜도 함께 담겨 있어서 이를 아는 것은 매우 가치 있는 일이다.

본 책은 누구나 쉽게 중국을 이해하는 데 도움을 주고자 기획하였다. 중국 역사 속 용어를 이야기로 풀어 독자들과 쉽게 소통하고, 용어에 담긴 역사의 진정한 의미를 이해하고, 우리의 과거, 현재와 미래를 아울러 바라보고자 하였다.

이 책은 제1장 인품, 제2장 학문, 제3장 교류, 제4장 이치, 제5장 애정, 제6장 지혜, 총 6가지의 주제로 나누어 구성하였고, 각 장은 시대순으로 배열하여 1장에서 6장까지 이야기 방식으로 설명하였다.

또 각각의 용어 속에 숨겨진 의미를 폭넓게 이해할 수 있도록 출전, 역사 유래, 보충 부분 등을 중국어 원문과 함께 제시하였다.

마지막으로 기존 중국어 관련 서적과는 달리 현재까지 많이 활용되는 역사 속 용어를 모아 지금의 중국 사회에서 어떻게, 어떤 의미로 사용되고 있는지 설명하였으며, 개별 한자와 용어의 뜻풀이를 제공하여 이해도를 높이고자 하였다.

이 책을 준비하는 동안 저자 역시 중국 역사를 다시 되짚어보고, 현재를 객관적으로 바라볼 수 있었던 의미 있는 시간이었다.

書川里에서
2020. 7

第一章 人品美德 인품

第二章 求学奋斗 학문

第三章 人际社交 교류

第四章 自然之道 이치

第五章 爱恋情感 애정

第六章 生活智慧 지혜

第一章 人品美德
인품

厚德載物
hòu dé zài wù

한자풀이
厚 : 두터울 후 德 : 덕 덕 載 : 실을 재 物 : 물건 물

뜻풀이

　군자의 품덕은 대지와 같이 깊고 단단하여 만물을 담을 수 있으며 그 무게를 견딜 수 있다. 후덕재물厚德載物은 중국인의 정신과 전통이 담긴 용어로 두터운 대지처럼 넓고 깊게 만물을 담아 싣고 기르듯이 덕행을 쌓아 관대하라는 의미이다.

사진출처 : 百度网

상선약수上善若水

"상선약수上善若水"는《노자老子》에서 나온 말이다. "상선약수, 수리만물이부정.上善若水, 水利万物而不争。"이라 하였다. 이 용어는 최고의 선善은 물과 같으며, 물은 만물을 이롭게 하면서도 다투지 아니한다는 뜻이다.

《역경易经》의 곤괘坤卦 중에《대상大象》에서 이르기를, "지세곤, 군자이후덕재물地势坤, 君子以厚德载物", 하늘(자연)의 움직임은 강직하고 끊임없기 때문에 군자 역시 이와 같아야 한다고 하였다.

《국어国语·진어육晋语六》에서 이르기를, "오문지, 유후덕자능수다복, 무복이복자중, 필자상야吾闻之, 唯厚德者能受多福, 无福而服者众, 必自伤也(내가 듣기로는 덕을 쌓는 자는 복을 많이 받고 복을 행하지 않는 자는 반드시 스스로 상하게 된다고 하였다.)"

上善若水

"上善若水"语出《老子》: "上善若水, 水利万物而不争。"意思是, 最高境界的善行就像水的品性一样, 泽被万物而不争名利。

《易经》有坤卦, 其《大象》曰: "地势坤, 君子以厚德载物"

《国语·晋语六》: "吾闻之, 唯厚德者能受多福, 无福而服者众, 必自伤也。"

🏛 역사유래

본 용어는《주역周易》중에 한 구절인 "지세곤, 군자이후덕재물地势坤, 君子以厚德载物"에서 나왔다. 하늘의 움직임은 굳건하고 끊임없으므로 군자 역시 이와 같아야 한다. 군자는 하늘과 땅의 질서 있는 움직임을 본받아 반드시 굳은 의지로 견실히 행동하고 끊임없이 분발하여 스스로 향상을 도모해야 한다고 하였다. 대지의 기세는 견실하고 무한하므로 군자는 반드시 겸손하게 미덕을 쌓고 만물의 이치를 깨달아 포용해야 한다고 하였다. 고대 중국인들은 하늘과 땅이 가장 크고 넓어 만물을 포용한다고 여겼다.

하늘과 땅을 위와 아래, 양과 음, 금과 흙에 비유하여 이해하였고, 하늘은 성질이 강하며, 땅은 유연하다고 여겼다. 또한 하늘과 땅이 합해져 만물이 생기고, 사계절이 이루어진 것이라 생각했다. 이것이 고대 중국인들의 우주에 대한 초기 유물론이며 우주세계관이다. 팔괘八卦 중 건괘乾卦가 으뜸이고 곤괘坤卦가 그 다음이다. 그래서 건乾은 위上, 곤坤은 아래下, 건乾은 남쪽南, 곤坤은 북쪽北을 의미한다.

하늘은 높고 굳건히 행하며, 땅은 두텁게 만물을 싣는다. 그리고 건곤양괘물상乾坤两卦物象(즉 하늘과 땅)의 내포된 의미는 "한 걸음 더 나아가 인생은 하늘처럼 높고 강직하게 자강불식自强不息(스스로 자신의 목표를 향해 끊임없이 노력한다는 의미)하며 땅만큼 두텁고 넓다."는 인생의 오묘한 이치를 제시한다.

语出《周易》："地势坤, 君子以厚德载物。"天(即自然)的运动刚强劲健, 相应于此, 君子应刚毅坚卓, 奋发图强；大地的气势厚实和顺, 君子应增厚美德, 容载万物。古代中国人认为天地最大, 包容万物。天在上, 地在下；天为阳, 地为阴；天为金, 地为土；天性刚, 地性柔。认为天地合而万物生焉, 四时行焉。这是古代中国人对宇宙的朴素唯物主义看法, 也是中国人的宇宙观。八卦中乾卦为首, 坤卦次之；乾在上, 坤在下；乾在南, 坤在北。天高行健, 地厚载物。从对乾坤两卦物象的解释属性进一步引申出人生哲理, 即人生像天那样高大刚毅, 要像地那样厚重广阔。

虚怀若谷
xū huái ruò gǔ

🏯 한자풀이

虛 : 빌 허   怀 : 품을 회   若 : 같을 약   谷 : 골 곡

🏯 뜻풀이

벼는 익을수록 고개를 숙인다. 거만하거나
우쭐하지 않고, 매우 겸허함을 의미한다.

사진출처 : 百度网

🏯 출전

《노자老子》 제15장에서 "옛날의 훌륭한 선비는 미묘하고 심오하고 통
달하여 그 깊이를 알 수 없었다. 이를 누구도 알 수 없으나, 굳이 형용하
자면 겨울에 내를 건너듯이 신중하고, 사방을 경계하듯 조심스러우며, 손
님인 듯 근엄하고, 얼음이 녹듯이 푸근하며, 통나무처럼 인정이 두텁고,
골짜기처럼 비어있다."는 것이다. 또 '상덕약곡上德若谷(높은 덕은 골짜기
와 같다는 의미로 텅 비우고 나면 더 많은 것을 담을 수 있다는 뜻)'이라
하였다.

왕필王弼의 주석에서 "부덕기덕, 무소회야不德其德, 无所怀也(그 덕은 덕
이 아니며 품는 바가 없다)"라 하여 후에 '허회약곡虚怀若谷(골짜기처럼
크고 넓은 마음)'는 매우 겸손하고 넓은 마음을 나타내는 용어로 쓰이게
되었다.

사각재谢觉哉의 《단결团结, 겸허谦虚, 진보进步!》에서 "크거나 작은 사
업을 성공으로 이끄는 사람 중에 겸허(겸손)하지 않은 사람이 없다."고

하였다.

손려孙犁의 《담정집澹定集·금매서金梅序》에서 "작가와 작품을 연구할 때, 이론가는 선입견을 가지지 않고 겸허하게 어떠한 의견도 받아들일 수 있어야 한다."고 하였다.

《老子》第十五章："古之善为士者，微妙玄通，深不可识。夫唯不可识，故强为之容：豫兮若冬涉川，犹兮若畏四邻，俨兮其若客；涣兮若冰之将释，敦兮其若朴，旷兮其若谷。"又："上德若谷。"王弼注："不德其德，无所怀也。"后来就用"虚怀若谷"形容非常虚心，心胸开阔。

谢觉哉《团结、谦虚、进步！》："善于领导大的或者小的事业成功的人，没有不是虚怀若谷的。"

孙犁《澹定集·金梅序》："在研究作家和作品时，理论家要虚怀若谷，不存成见。"

不耻下问
bù chǐ xià wèn

🏮 한자풀이

不 : 아닐 부   耻* : 부끄러울 치   下** : 아래 하   问 : 물을 문

🏮 뜻풀이

　자신보다 못한 사람에게 가르침을 청하는 것을 개의치 않는다. 겸손하
고 무엇이든 배우기 좋아하는 성품을 비유한 것이다.

사진출처 : 百度网

🏮 출전

　"공자孔子가 주周나라 문왕文王의 태묘太庙에 온 후에 모든 일에 대해

---

* 　치耻 : 능동형용사. … 을 수치로 여기다.
** 　하下 : 자신보다 낮은 지위, 즉 낮고 부족함의 의미함. 여기서 낮음과 부족함이란
　　다른 사람의 높낮이를 의미하는 것이 아닌 가르침을 청하려는 사람을 높이고 자신을
　　낮추는 것이다.

16

계속 질문을 했다. 이를 본 어느 사람이 말하기를, "숙량흘叔梁紇(공자의 아버지)의 아들이 '예'를 안다고 하였거늘, 어찌 그는 태묘에 이르러 모든 것에 대하여 다른 사람에게 계속 가르침을 청하는가"라고 하였다. 이 말을 들으시고 공자께서 이렇게 말씀하셨다. "이것이 바로 '예'를 아는 것입니다."

子入太庙, 每事问。或问 : "孰谓邹人之子知礼乎 ? 入太庙, 每事问。" 子闻之, 曰 : "是知礼也。"

🏛 역사유래

춘추시대春秋時代의 공자孔子는 중국의 위대한 사상가·정치가·교육가이자 유가학파의 창시자이다. 봉건시대 통치자들은 모두 공자를 하늘이 내린 최고의 학문적 "성인聖人"으로 여겼다. 그러나 공자는 "나 역시 태어나면서부터 학문을 아는 사람이 아니다. (누구든 태어나면서부터 학문에 능할 수는 없다.)"라고 하였다.

공자는 태묘(태묘는 황제 조상들의 위패를 모시는 사당(유사어 : 종묘宗廟))에 가서 노魯나라 왕의 제사의식에 참석하였다. 그는 태묘에 들어서자마자 사람들에게 이것저것 물어보고 거의 모든 것에 대해 물어보았다. 당시 어떤 사람이 공자를 비웃으며, "누가 추인의 아들이 '예'를 안다고 했는가? 태묘에 와서 뭐든 물어본다."라고 말하기까지 하였다. (추邹 : 당시 지명. 공자가 태어난 곳, 지금의 산동 곡부현 동남십리 서추집. 공자의 아버지인 숙량흘이 추현의 현관을 지내 당시의 사람들은 공자를 지칭하여 "추인의 아들"이라 하였다.) 공자는 그에 대한 사람들의 의견을 듣고 "나는 모르는 것에 대해서 모두 물어 가르침을 청하는데, 이것이 바로 내가 학문을 배우는 '예礼'를 알아가는 방법이다."라고 대답했다.

위 나라卫国의 대부 공어孔圉는 총명하며 학문에 능했는데, 성품이 매우 겸손하기까지 하였다. 공어가 죽은 후에 위나라의 국왕은 후대의 사람들에게 그의 겸손하고 무엇이든 배우기 좋아하는 정신을 배우고 드높일 수 있도록 '문공文公'이라는 칭호를 부여하였다. 후세 사람들은 그를 존경하며 '공문자'라고 칭하였다.(문文 : 공어孔圉의 시호諡号. 시호는 생전의 언행과 공적에 의하여 정해지며 문文이라는 시호는 가장 높은 단계이다.)

공자의 제자인 자공子贡도 위卫나라 사람이다. 하지만 그는 공어가 그런 높은 평가를 받아야 한다고 생각하지 않았다. 한 번은 공자에게 공어의 학문과 재능은 높지만 그보다 더 걸출한 사람이 많은데 무슨 근거로 문공이라는 칭호를 주느냐고 물었다. 공자가 웃으며 말하기를, "공어는 매우 부지런하고 머리도 총명하고 융통성이 있다. 또한 모르는 것이 있으면 묻는 것을 쉽게 여긴다. 그는 학문적으로 이미 뛰어나지만, 아주 간단하고 쉬운 문제일지라도 확실히 알지 못하는 것은 자신보다 낮은 지위의 사람에게도 겸손히 가르침을 청하였고, 그것을 조금도 부끄러워하지 않았다. 이러한 부분이 다른 사람에게서 보기 어려운 부분이다. 그러므로 '문공'이란 칭호를 주는 것이 마땅하다."라고 말씀하셨다. 공자의 설명 끝에 자공 역시 받아들이게 되었다.

春秋时代的孔子是我国伟大的思想家、政治家、教育家，儒家学派的创始人。历代封建统治者都遵奉他为天生的最有学问的'圣人'。然而孔子认为：“余非生而知之者，(无论什么人，包括他自己，都不是生下来就有学问的)”。

太庙，是国君的祖庙。孔子去太庙参加鲁国国君祭祖的典礼。他一进太庙，就向人问这问那，几乎每一件事都问到了。当时有人讥笑他：“谁说'邹人之子，懂得礼仪？来到太庙，什么事都要问。'”(邹，当时县名，孔子出生地，在今山东曲阜县东南十里西邹集。孔子的父亲叔梁纥，做过邹县的县官，所以当时有人管孔子叫"邹人之子"，意即邹县县官的儿子。)孔子听到人们对他的议论，答道："我对于不明白的事，每事必问，这恰恰是我要求知礼的表现啊！"

卫国大夫孔圉聪明好学，更难得的是他是个非常谦虚的人。在孔圉死后，卫国国君为了让后代的人都能学习和发扬他好学的精神，因此特别赐给他一个"文公"的称号。后人就尊称他为孔文子。

孔子的学生子贡也是卫国人，但是他却不认为孔圉配得上那样高的评价。有一次，他问孔子说："孔圉的学问及才华虽然很高，但是比他更杰出的人还很多，凭什么赐给孔圉'文公'的称号？"孔子听了微笑说："孔圉非常勤奋好学，脑筋聪明又灵活，而且如果有任何不懂的事情，就算问题很简单，以他的地位或学问应该是理解，但是可能理解的不全面，但他都会大方而谦虚的请教，一点都不因此感到羞耻，这就是他难得的地方，因此赐给他'文公'的称号并不会不恰当"。经过孔子这样的解释，子贡终于服气了。

(摘自：陶凯月《不耻下问的故事》)

负荆请罪
fù jīng qǐng zuì

한자풀이

负* : 질 부   荆** : 가시나무 형   请 : 청할 청   罪 : 허물 죄

뜻풀이

스스로 잘못을 뉘우치고 용서를 빌다. 죄를 청할 때, 스스로의 잘못을
인정하고 엄격한 처벌을 원한다는 뜻이다.

사진출처 : 百度网

역사유래

사마천司马迁의 《사기史记 · 염파인상여 열전廉颇蔺相如列传》에 나온 말
로 전국战国시대 때 조赵나라 수도 한단邯郸(현 하북성河北省 한단시)에서

---

* 부负 : (등에) 지다.
** 형荆 : 가시나무. 가시나무를 지고 죄를 청하다.

발생한 염파廉颇와 인상여蔺相如의 이야기다. 이 이야기는 '장상화将相和'
라고도 한다. 한단시 천성가串城街(현 하북성 한단시의 역사문화의 거리.
한단도邯郸道라고도 함)에 되돌아오는 좁은 골목길이 있다. 이곳이 바로
인상여가 염파를 피해 돌아갔던 골목길이다. 그곳에는 아직도 이 이야기
를 기념하는 내용이 담긴 비석이 놓여 있다.

인상여는 출신은 미천하였으나, 그의 출중하고 탁월한 능력은 약소국
인 조赵나라의 위상을 드높였다. 그는 '완벽귀조完璧归赵(전국시대, 인상
여蔺相如가 화씨벽和氏璧을 온전하게 진秦나라로부터 조나라에 돌려보낸
고사)'와 민지회맹渑池会盟(BC279, 진秦나라 왕이 일부러 조나라 왕을 조
롱하려고 할 때, 맞서서 조나라 왕의 체면을 살린 회맹)을 통해 염파보다
높은 관직인 최고의 재상 자리에 오르게 된다. 인상여의 이런 벼락 출세
를 못마땅하게 생각한 염파가 인상여에게 모욕을 주겠다고 번번이 불만
을 토로하였다. 인상여는 멀리서 염파가 오는 것을 보면 미리 수레를 돌
려 피하고, 양보하여 염파와 충돌하지 않으려고 하였다. 이러한 염파의
노골적인 시비를 계속 피하자 인상여의 문객은 그가 염파를 두려워하는
줄로 여겼다. 그러나 인상여가 말하기를, "진나라가 우리 조나라를 침략
하지 못하는 것은 나와 염장군이 문무文武가 하나 되어 조赵왕을 지키고
있기 때문이다. 개인의 사사로운 감정보다 대승적 차원에서 국가의 안위
를 생각하고 염파가 스스로 깨우치도록 참고 인내하며 기다리는 것이
다!"라고 하였다. 염파는 이 말을 전해 들은 후 크게 뉘우치고 "부형청죄
负荆请罪"를 자처하며 사과하였고 그 후 이 이야기가 나온 것이다.

负荆请罪出自《史记·廉颇蔺相如列传》,讲述了发生在赵国首都邯郸
廉颇和蔺相如的故事,也称作"将相和"。在邯郸市串城街(邯郸道)有一
处巷子回车巷,就是蔺相如回避廉颇的窄巷。巷口立了一通石碑回车巷
碑记,记载着负荆请罪的故事。

蔺相如因为"完璧归赵"与渑池会盟有功而被封为上卿，位在廉颇之上。

廉颇很不服气，扬言要当面羞辱蔺相如。蔺相如得知后，尽量回避、容让，不与廉颇发生冲突。蔺相如的门客以为他害怕廉颇，但是蔺相如却说："秦国不敢侵略我们赵国，是因为有我和廉将军。我对廉将军容忍、退让，是把国家的危难放在前面，把个人的私仇放在后面啊！"这话被廉颇听到，深深地感动了廉颇，就有了后来廉颇"负荆请罪"的故事。

见贤思齐
jiàn xián sī qí

🏛 **한자풀이**

见 : 볼 견　贤* : 어질 현　思 : 생각 사　齐 : 가지런할 제**

🏛 **뜻풀이**

　현명한 사람을 보면 그를 본받으려 노력하고, 그렇지 못한 사람을 보면 자신을 돌아보고 그렇게 되지 않도록 노력해야한다는 의미이다.

사진출처 : 百度网

🏛 **출전**

　《논어论语 · 이인里仁》편에서 공자께서 말씀하시기를, "견현사제언, 견불현이내자성야见贤思齐焉, 见不贤而内自省也"라 하였다. 현명한 사람을 보

---

* 　현贤 : 사리와 이치에 밝고, 덕을 겸비한 사람
** 제齐 : 모범으로 삼다.

면 그를 본받으려 노력하고, 현명하지 못한 사람을 보고는 자신을 돌아보고 반성하며 그와 같이 되지 않도록 노력해야 한다는 뜻이다.

《论语·里仁》子曰 : "见贤思齐焉, 见不贤而内自省也。"

🏛 보충

공자가 한 말이자 후세 유가학파의 수신양덕修身养德(신체를 수양하고 덕을 쌓는다)의 좌우명이 되었다. '견현사제见贤思齐'는 현인을 만나면 그와 같은 시선으로 보고자 노력하고, '견부현이내자성见不贤而内自省'은 현명하지 못한 자를 만나면 나 자신에게 혹 그 같은 모습은 없는지 반성하며 교훈으로 삼으라는 뜻이다. 맹자孟子의 어머니는 맹자가 나쁜 이웃의 영향을 받을까하여 세 번 집을 옮겼고, 두보杜甫는 시를 쓰면서, "이옹李邕(당나라의 화가)이 (나를)알기를 원하고, 왕한王翰(당나라 시인)은 (나를)이웃으로 삼기를 원한다."라고 스스로 칭찬한 것 역시 '본보기의 영향'을 말해주는 예이다.

"见贤思齐"是后世儒家修身养德的座右铭。"见贤思齐"的意思是好的榜样对自己的震撼, 驱使自己努力赶上 ; "见不贤而内自省"的意思是坏的榜样对自己的教益, 要学会吸取教训。孟子的母亲因为怕孟子受到坏邻居的影响, 搬了三次家 ; 杜甫写诗"李邕求识面, 王翰愿为邻", 都说明了"榜样的作用"。

三人行, 必有我师
sān rén xíng, bì yǒu wǒ shī

한자풀이

三* : 석 삼 人 : 사람 인 行 : 다닐 행 必 : 반드시 필 有 : 있을 유
我 : 나 아 师** : 스승 사

뜻풀이

　같은 취미를 가진 몇몇 사람들이 함께 걸으면 그 중 누군가는 반드시 나의 스승이 될 수 있다. 누구에게나 배울 점이 있으니, 남에게 물어보는 것을 부끄러워하지 말고, 겸허한 태도로 배워야 한다는 것을 뜻한다.

사진출처 : 百度网

역사유래

　《논어论语·술이述而》편에 나오는 성어이다. 공자孔子께서 말씀하시기

---

*　삼三 : 三, 六, 九, 百, 十, 千 등 숫자는 모두 '많은 사람'을 의미한다.
**　사师 : (스승이 되어)가르침을 받다. 여기서 가르침은 다른 사람의 좋은 점은 그대로 본받아 배우고, 나쁜 점은 거울로 삼아 고친다는 뜻이다.

를, "세 사람이 함께 길을 가면 거기에는 반드시 나의 스승이 있다. 그 가운데 나보다 나은 사람의 좋은 점을 보고 그것을 따르고, 나보다 못한 사람의 좋지 않은 점을 보고 그것을 바로 잡는다."라는 의미이다.

出自《论语 · 述而》。原文 : 子曰 : "三人行, 必有我师焉 ; 择其善者而 从之, 其不善者而改之。"译文 : 孔子说 : "别人的言行举止, 必定有值 得我学习的地方。选择别人好的学习, 看到别人缺点, 反省自身有没有 同样的缺点, 如果有, 加以改正。"

🏛 보충

공자孔子의 "삼인행, 필유아사언三人行, 必有我师焉", 이 말씀은 후대의 지식인들에게 많은 공감과 지지를 얻었다. 겸손한 마음으로 다른 사람에 게 배우고자 한 그의 정신(의지)을 매우 귀하게 여겼다. 여기서 귀하다는 의미는 선한 사람들뿐만 아니라 그렇지 않은 사람들까지도 스승으로 삼 는 것을 말하며 그 안에 매우 깊은 철학적 이치가 담겨 있다. 공자의 이 말씀은 우리가 사람을 대하는 방법을 알려주고, 몸과 마음을 다스리는 일 과 지식을 넓히는 일 등 모든 분야에 도움을 준다.

또 공자의 자각수양自觉修养(스스로 깨달아 수양하다)과 겸손하게 학문 을 대하는 정신을 표현한다.

여기에는 두 가지의 뜻이 포함되어 있다. 한 가지는 "선한 이를 택해 그를 그대로 본받아 그 사람의 선행을 보고 배우다."라는 의미로 겸손하 게 학문은 대하는 정신을 가리킨다. 다른 한 가지는 "다른 사람의 좋지 않은 점을 선택하여 그런 점을 거울삼아 스스로 반성하며 고치다."는 의 미이며, 이는 누구든지 스승으로 삼을 수 있다는 뜻이다.

《논어论语》 중 한 구절을 살펴보면, 위衛나라의 공손조公孙朝가 자공子 贡에게 묻기를, "공자의 학문은 어디서 온 것입니까?" 자공子贡이 답하기를, "고대 성인聖人이 말하는 도道는 바로 사람들 사이에 남아있다. 현인賢人은 도의 큰 부분을 깨닫고, 현인이 아닌 자는 도의 작은 부분을 깨닫는 것 뿐이다. 그러므로 그들 모두에게 현인의 도가 있는 것이다."라고 하였다.

《논어论语·자장子张》에서는 "공자께서는 어디서든 배우지 않겠는가, 정해진 스승이 왜 필요한가夫子焉不学, 而亦何常师之有?"라고 하였다. 그는 언제 어디서든 모든 것을 배우기를 원했고, 누구든지 그의 스승으로 삼았으며, 또 말씀하시기를, "어찌 정해진 스승이 있으리오."라고 하셨다. 이는 정해진 스승이 없다는 뜻이다.

"세 사람이 함께 길을 가면 거기에는 반드시 나의 스승이 있다. 그 가운데 좋은 점을 골라 그것을 따르고, 좋지 않은 점을 골라 그것을 바로 잡는다."는 이 구절 속에 나타난 태도와 정신은 인간관계의 중요한 한 가지 원칙을 나타낸다. 타인의 장점을 항상 주의 깊게 배우고, 타인의 단점을 교훈으로 삼으면 자연스럽게 타인을 장점을 본받아 선함을 행하게 되고, 다른 사람에게는 관대해지고 자신에게는 엄격해진다는 것이다. 이것은 스스로를 다스릴 뿐 아니라 자신을 발전시키는 가장 좋은 방법이며 원만한 대인관계의 중요한 요소이기도 하다.

孔子的"三人行，必有我师焉"这句话，被后代知识分子极力赞赏。虚心学习的精神十分可贵，但更可贵的是，不仅要以善者为师，而且以不善者为师，"三人行，必有我师焉"。他的这段话，对于指导我们处事待人、修身养性、增长知识，都是有益的。

这句话，体现了孔子，虚心好学的精神。一方面，择其善者而从之，见人之善就学，是虚心好学的精神；另一方面，其不善者而改之，见人之不善就引以为戒，反省自己，是自觉修养的精神。无论与我们相处的人好不好，都可以成为我们的老师。《论语》中有一个故事讲的是卫国公孙朝问子贡，孔子的学问是从哪里学的？子贡回答说，古代圣人讲的道，就留在人们中间，贤人认识了它的大处，不贤的人认识它的小处；他们身上都有古代圣人之道。

"三人行，必有我师焉"，"择其善者而从之，其不善者而改之"的态度和精神，体现了与人相处的一个重要原则。注意学习他人的长处，以他人缺点为戒，自然就会看到别人的长处，与人为善，待人宽责己严。

中庸之道
zhōng yōng zhī dào

🏛 한자풀이

中 : 가운데 중 庸 : 떳떳할 용 之 : 갈 지 道 : 길 도

🏛 뜻풀이

중용의 도中庸之道는 중국의 고대 관념론적 철학관으로 유교의 《중용中庸》에서 나온 것이다. 이는 인생의 배움의 길이자, 사업 성공과 생활, 건강 등 근본적인 모든 것에 바탕이 되는 이론이다.

사진출처 : 百度网

🏛 출전

《논어论语 · 용이庸也》에서 "중용은 곧 인덕이니 가히 최고이다! 그러나 사람들이 이런 미덕을 잃은 지가 오래구나."라고 하였다.

《论语 · 庸也》: "中庸之为德也, 其至矣乎。"

중용中庸의 도道의 세 가지 이론

첫 번째 이론은 한 쪽으로 치우치지 않고 기울어지지 않으며, 지나침도 미치지 못함도 없는 것을 일컫는다. 자신의 목표와 주장을 쉽게 바꾸지 않고, 꾸준히 노력하는 것이 성공의 길이라고 본다. 공자孔子께서 말씀하시기를, "중용은 곧 인덕이니 가히 최고라 한다! 그러나 사람들은 이런 미덕을 잃은지 오래구나中庸之为德也, 其至矣乎!民鲜久矣."라고 하셨다.

두 번째 이론은 중정中正과 평화平和를 말한다. 만약에 사람이 중정中正과 평화平和을 유지하지 못하면 스스로 감정을 통제하지 못하게 된다. 따라서 노怒를 다스리는 데는 오직 락乐 있어야 하고, 희喜를 다스리는 데는 예礼가 있어야 한다. 예礼를 지키는 방법은 경敬(존경, 경의)에 있다는 것이다.

세 번째 이론은 중中은 좋은 의미이며, 용庸과 같은 의미로 쓰이는데 사람은 본래 누구나 자신만의 뛰어난 장점을 가지고 있으므로 필요한 인재가 되어야 한다는 것이다.

중용을 말하려면 반드시 '도道'가 필요하고, 도는 목표와 떨어질 수 없으며 목표가 없는 생활은 의미를 상실하기 쉽다.

중국 성인圣人들의 목표는 자신을 수양하고修身, 집안을 다스리며齐家, 나라를 다스리고治国, 천하를 편안平天下하게 하는 것이었다.

중용의 용庸은 요구한다는 기본적인 의미를 가지고 있다. 목표를 이루는 과정에서 필요한 것만을 추구하는 것이다. 사람과 사람(혹은 사물) 사이에서 상호 작용하는 과정 중에 얻은 이익의 양과 손해의 양을 의미한다. 예를 들어 밥은 배가 적당히 부를 만큼만 먹어야한다는 것인데(배를 70%만 채우면 된다.), 이것이 바로 사람과 음식 사이에 상호 작용하는 힘인 것이다. 또 인간관계에서의 감정 표현은 적당히 중간을 유지해야하는데, 이러한 경우에도 관용이 필요하다.

하늘과 성인의 뜻이 같다.

"중용의 도道는 천인합일이다中庸之道的天人合一"는 신과 성인의 합일合一도 포함하는 것이다.

《중용中庸》 제29장에서는 "고로 군자의 도道는 자신에게 근본을 두고, 백성에게 징벌하고, 삼왕三王을 시험해도 그릇됨이 없으며, 천지를 세우려 해도 거슬리지 아니하고, 신에게 물어도 의심이 없는 것은 하늘을 아는 것이오, 백세가 되어 성인을 기다려도 의심치 않는 것은 사람을 아는 것이다. 그러니 군자의 움직임은 대대로 천하의 도가 되고, 행위는 천하의 법이 되고, 말은 천하의 규칙이 된다."고 하였다.

中庸之道是中国古代唯心主义哲学观点论, 出自儒家的《中庸》。中庸之道是人生的大道, 事业成功、生活与健康的基本理论, 主要包含了三个方面的内容。

第一中不偏, 庸不易。是指人生不偏离, 不变换自己的目标和主张。孔子说过 : "中庸之为德也, 其至矣乎!民鲜久矣。"

第二中正、平和。人, 如果失去中正、平和一定是感情过于地表达, 治怒唯有乐, 治过喜莫过礼, 守礼的方法在于敬。

第三中是好的意思, 庸和"用"一样是中用的意思。指人要拥有自己的本领, 做有用的人才。

中庸之为德也, 其至矣乎!民鲜久矣。中庸是人的道德能达到的最高境界。

谈中庸, 必须要谈道, 道离不开目标, 没有目标的生活便没有实质性的意义。中国圣人的目标一直都是修身、齐家、治国、平天下。

庸的基本词义是需求, 是追求目标过程中的需求, 是人和人(或物)之间互动过程中获得的量与付出的量。比如吃饭要七成饱, 就是人和食物之间的互动的量。比如宽容, 就是人与人互动中情绪的控制。

鬼神与圣人合一

中庸之道的天人合一包括了鬼神与圣人合一的思想。《中庸》第二十九章："故君子之道，本诸身，征诸庶民；考诸三王而不谬，建诸天地而不悖，质诸鬼神而无疑，知天也；百世以俟圣人而不惑，知人也。是故君子动而世为天下道，行而世为天下法，言而世为天下则。"

鞠躬尽瘁

jū gōng jìn cuì

한자풀이

鞠 : 굽힐 국　躬 : 몸 궁　尽 : 다할 진　瘁 : 병들 췌

뜻풀이

조심스럽고 신중하게 온 힘을 다하다.

"허리와 몸을 굽혀 절하다, 온 마음과 힘을 다하다"라는 의미이다.

사진출처 : 百度网

출전

삼국三国시대 때 촉한蜀汉의 제갈량诸葛亮이 쓴《후출사표后出师表》에서 "나라를 위하여 온 힘을 다 바쳐 죽을 때까지 그치지 않다."라고 하였다.

구양여천欧阳予倩《충왕이수성忠王李秀成》제3막에서 "신은 오직 온 마음을 다해 충성하고, 나라를 위하여 온 힘을 다 바쳤다臣只有一片愚忠, 鞠躬尽瘁."라고 하였다.

명明·송렴宋濂《선부군용 봉처사천표先府君蓉峰处士阡表》에서 "선조들

은 나라를 위하여 죽을 때까지 몸과 마음을 다 바쳤다."라고 하였다.

파금巴金《수상록隨想录》에서 "오늘 각 전선에서 일하고 맡은 역할을 해내며, 어려운 여건에서 고생을 하고 나라를 위해 온몸을 다 바친 사람들은 해방 이후의 지식인들이다."라고 하였다.

《요재지이聊斋志异·속황량续黄粱》에서 "재상이 된다는 소식을 듣고 마음으로 기뻐하였으나, 나라를 위하여 몸과 마음을 바치는 것을 기뻐한 것은 아니다."라고 하였다.

三国·蜀汉·诸葛亮《后出师表》, "鞠躬尽瘁, 死而后已。"

欧阳予倩《忠王李秀成》第三幕: "臣只有一片愚忠, 鞠躬尽瘁。"

明·宋濂《先府君蓉峰处士阡表》: "祖妣夫人与显考鞠躬尽瘁, 誓勿蹶其门。"

巴金《随想录》: "今天在各条战线上干工作、起作用, 在艰苦条件下任劳任怨、鞠躬尽瘁的人多是解放后培养出来的一代知识分子。"

《聊斋志异·续黄粱》: "闻作宰相而忻然于中者, 必非喜其鞠躬尽瘁可知矣。"

🏛 보충

제갈량诸葛亮 《출사표出师表》

《출사표出师表》는 《삼국지三国志·제갈량전诸葛亮传》 제35권에 나왔으며, 삼국시기(227) 촉한蜀汉의 승상丞相이었던 제갈량诸葛亮이 위魏나라를 정벌하고자 출병하면서 장안长安(현재 서안 장안성 유적지)을 빼앗기 전에 황제인 유선刘禅에게 올린 글이다. 이 글은 의론议论 위주의 산문으로 작성하였고 유비에 대한 충성심과 의리 그리고 비장한 각오와 백성을 위하는 마음 등을 잘 표현했다. 전문은 화려하지 않은 문체로 고전典故을 인용하지 않았고, 4자구로 쓰였다.

제갈량(181-234)의 자는 공명孔明이고, 호는 와룡卧龙이다. 한족汉族이며, 서주徐州 낭아양도琅琊阳都(현재의 산동山东 임기시临沂市 기남현沂南县) 사람이다. 삼국시기 촉한蜀汉의 승상丞相을 하였고, 뛰어난 정치가·군사가·산문가·서예가·발명가이다. 생존 당시 무향후武乡侯(제갈량의 시호)로 봉인되었다. 사후에 충무후忠武侯로 추서되었으며 동진东晋정권은 그의 군사적 재능 때문에 무흥왕武兴王으로 특별히 추대하기도 하였다. 그의 산문 대표작으로는 《출사표出师表》,《계자서诫子书》 등이 있다. 건흥建兴 12년(234) 오장원五丈原(지금의 섬서성 보계시기산陕西省宝鸡市岐山)에서 생을 마감하였다.

유선은 그를 충무후忠武侯라고 추호하였다. 후대에도 무후武侯로 삼아 제갈무후诸葛武侯라 하여 제갈량을 높여 칭하였다.

제갈량은 일생동안 "나라를 위하여 죽을 때까지 온 힘을 다하였다."라고 전해지며, 중국 전통문화에서 충신과 지혜로움을 대표하는 인물이다.

诸葛亮 《出师表》

《出师表》出自于《三国志·诸葛亮传》卷三十五，是三国时期(227年)蜀汉丞相诸葛亮在决定北上伐魏、夺取长安(今汉长安城遗址)之前给后主刘禅上书的表文。

这篇表文以议论为基调，使用记叙和抒情的手法。以恳切委婉的言辞劝勉后主广开言路、严明赏罚、亲贤远佞，以此兴复汉室还于旧都；这篇文章也表达诸葛亮以身许国，忠贞不二的核心。

诸葛亮(181年-234年10月8日)，字孔明，号卧龙(也作伏龙)，汉族，徐州琅琊阳都(今山东临沂市沂南县)人，三国时期蜀汉丞相，杰出的政治家、军事家、散文家、书法家、发明家。当时被封为武乡侯，死后追谥忠武侯，东晋时期追封为武兴王。其散文代表作有《出师表》、《诫子书》等。曾发明木牛流马、孔明灯、诸葛连弩等，于建兴十二年(234年)在五丈原(今宝鸡岐山境内)逝世。

刘禅追谥诸葛亮为忠武侯,后人经常用武侯、诸葛武侯尊称诸葛亮。诸葛亮一生"鞠躬尽瘁、死而后已",是中国传统文化中忠臣与智者的代表人物。

程门立雪
chéng mén lì xuě

📖 **한자풀이**

程 : 한도 정   门 : 문 문   立 : 설 립   雪 : 눈 설

📖 **뜻풀이**

  예전에는 "제자가 스승을 공경하고 가르침을 받는다"라는 의미로 사용
되었고, 현재는 "스승을 존경한다"라는 의미로 쓰인다.

  학문을 배우고자 하는 마음과 가르침을 주는 사람(스승)에 대한 존경
심을 비유한 것이다.

사진출처 : 百度网

📖 **역사유래**

  이 용어는 《송사宋史·양시전杨时传》에서 유래되었다. 양시杨时의 자는
중립中立이고 남검장악현南剑将乐县(현 복건성 서북쪽) 사람이다. 어려서
부터 총명함이 남다르고 글재주가 매우 뛰어났다. 유년시절 이후에는 경

서와 사서经史를 연구하기도 하였다. 희녕熙宁 9년에 진사进士(과거제도 중 최고의 시험인 전시殿试에 합격한 사람에게 주어지는 칭호)가 되었다.

그 시기에 하남성河南省에서 정호程颢와 정이程颐는 희녕(1068-1077)과 원풍元丰(1078-1085)시기에 공자와 맹자의 학문 본질에 대하여 가르쳤다.

하남과 낙양洛阳일대의 학자들은 모두 그들을 찾아가 스승으로 삼고자 했다.

양시도 진사가 되었으나 관직으로 나아가지 않고, 하남성 영창지역颍昌 (현 하남성 중부 허창현许昌县)의 정호를 찾아가 스승으로 모셨다. 그들은 사제지간임에도 도움을 주고 받으며 즐거운 시간을 보냈다. 양시가 고향으로 돌아갈 때 정호가 배웅하며 말하기를, "나의 학문이 남방에 전파되었다."라고 하였다.

4년 후에 양시는 정호가 세상을 떠났다는 소식을 접해 들었다. 소식을 들은 후 자신의 침실에서 정호의 위패를 놓고 슬피 울며 제사를 지내고 함께 배우던 동학들에게 서신을 써 부고를 알렸다.

그 후 비로소 양시는 정이를 만나기 위해 낙양으로 다시 향했는데, 이때 그의 나이가 40세였다. 눈 오는 어느 날, 정이의 집에 도착하였다. 정이가 마침 눈을 감고 앉아 명상에 잠겨 있었다. 양시는 문 밖에 서서 정이의 명상이 끝날 때까지 기다렸다. 정이가 눈을 떴을 때는 이미 밖에 눈이 한 자나 쌓여 있었으나 양시는 그 자리에 여전히 서 있었다.

이 일로 그의 덕망은 날로 높아졌고, 사방에서 학자들이 천리가 멀지 않다하고 찾아왔다. 이후 양시는 구산선생龟山先生이라고 불렸다.

'정문입설程门立雪'과 관한 최초의 역사 연구 자료 중 가장 중요한 책은 두 가지이다.

하나는 《이정어록二程语录·후자아언侯子雅言》에서 "유작游酢과 양시가 이천伊川(정이의 호)을 만나러 갔는데, 이천이 눈을 감고 앉아 명상을 하고 있었다. 두 사람은 서서 그가 눈을 뜨기를 기다렸는데 한참 뒤 이천이 눈을 뜨고, "현배(후배를 높이는 말)가 밖에 있는가? 날이 늦었으니 쉬시게나."라고 말하며 나가보니 밖에는 눈이 한 자나 쌓여있었다."라는 부분이다.

다른 하나는《송사宋史》의《양시전杨时传》중에서 "정이程颐의 집을 찾았으나 정이는 마침 눈을 감고 명상에 잠겨 있었고 양시는 문 밖에서 눈이 한 자나 쌓일 때까지 그가 깨기를 기다렸다."라는 부분이다.

出自《宋史·杨时传》。杨时字中立,南剑将乐人。幼颖异,能属文,稍长,潜心经史。熙宁九年,中进士第。时河南程颢与弟颐讲孔、孟绝学于熙、丰之际,河、洛之士翕然师之。时调官不赴,以师礼见颢于颍昌,相得甚欢。其归也,颢目送之曰:"吾道南矣。"四年而颢死,时闻之,设位哭寝门,而以书赴告同学者。至是,又见程颐于洛,时盖年四十矣。一日见颐,颐偶瞑坐,时与游酢侍立不去,颐既觉,则门外雪深一尺矣。德望日重,四方之士不远千里从之游,号曰龟山先生。

(摘自:趣历史)

有关"程门立雪"的史料,主要有两个版本。一个是《二程语录·侯子雅言》:"游、杨初见伊川,伊川瞑目而坐,二人侍立,既觉,顾谓曰:'贤辈尚在此乎?日既晚,且休矣。'及出门,门外之雪深一尺"。一个是《宋史》中的《杨时传》:杨时和游酢"一日见颐,颐偶瞑坐,时与游酢侍立不去,颐既觉,则门外雪深一尺矣"。

大智若愚
dà zhì ruò yú

한자풀이

大 : 클 대 智 : 지혜 지 若 : 같은 약 愚 : 어리석을 우

뜻풀이

  진정으로 큰 재능과 지혜가 있는 사람은 자신의 재능을 뽐내지 않기 때문에 언뜻 보기에는 어리석어 보일 수 있다는 뜻이다.

사진출처 : 百度网

출전

  노자老子의 《도덕경道德经》 제45장에서 "대지약우大智若愚(큰 지혜는 어리석어 보인다), 대교약졸大巧若拙(매우 뛰어난 것은 서투른 것처럼 보인다), 대음희성大音希声(큰 소리는 들리지 않는다), 대상무형大象无形(큰 형상은 모양이 없다)"라는 구절이 있다.

북송北宋의 소식苏轼이 벼슬에서 물러나는 구양수欧阳脩를 축하하며 쓴 《하구양소사치사계贺欧阳少师致仕启》 중에서 "대용약겁大勇若怯이란 용감한 사람은 오히려 두려워하는 듯하고, 대지여우大智如愚란 큰 지혜를 가지고 있는 사람은 오히려 어리석은 듯하다."라는 내용이 있다.

老子《道德经》: "大智若愚, 大巧若拙, 大音希声, 大象无形"
苏轼《贺欧阳少师致仕启》: 大勇若怯, 大智如愚。

🏛 보충

대지약우大智若愚의 어원词源은 "큰 지혜를 가지고 있는 사람은 겉으로 드러내지 않아서 언뜻 보기에 어리석은 것처럼 보인다."에서 비롯되었다.

송나라의 소식苏轼은 《경진동파문집사략 27권经进东坡文集事略二七·하구양소사치사계贺欧阳少师致仕启》에서 '대용약겁大勇若怯, 대지여우大勇若怯'라 하여 "대단히 용감한 사람은 두려워하는 듯 하고, 대단히 지혜로운 사람은 어리석은 듯하다"라고 했다. 또한 '대교약졸大巧若拙'도 같은 의미이다.

노자老子가 말한 "대음희성大音希声, 대상무형大象无形"도 큰 맥락에서는 같다고 볼 수 있다.

'대지약우'는 일상생활 속에서 자신의 명석함을 겉으로 드러내지 않고, 늘 겸손한 태도를 유지해야 한다는 뜻이다. 자기 스스로를 낮추고, 타인에게 자신의 능력을 과시하거나 치켜세우지 않는다. 모름지기 사람이란 해박한 지식을 겉으로 드러내지 않고, 평온하고 안정된 마음을 가져야 원대한 포부를 이룰 수 있다. 부단히 수양하고 배우고 익혀서 기본소양과 자질을 쌓아야한다. 바다가 모든 강물을 포용하듯 포용력과 담대함을 갖추어 실패와 좌절을 만나더라도 매사 긍정적으로 대처하고 진중한 태도로 성실히 임해야 한다.

보통 '대지약우大智若愚'는 '대기만성大器晚成(큰 사람이 되기 위해서는 많은 노력과 시간이 필요하다는 의미)'과 함께 쓰이는데, 결국 '대지약우'에서 요구되는 것은 옥토(옥玉을 만드는 원재료)가 끊임없이 축적되는 것 같이 끊임없이 자기를 쌓아야한다는 것이다. 다년간 축적하여 주조해 낸(주취铸就 : 오랜 기간의 노력이나 단련을 통해 만들어 내다.) 옥은 절세의 진품이 되지만, 세상 밖의 상품으로 나오기까지는 정교하고 세밀한 세공 과정을 거쳐야 한다. 공장에서 간단하게 만들어져 시장에서 판매되는 작은 옥들과는 다르다. 그렇기 때문에 대기만성大器晚成 후의 보물은 값을 매길 수 없을 만큼 진귀한 것이다.

大智若愚在《词源》里的解释是：才智很高而不露锋芒，表面上看好像愚笨。出自宋苏轼经进东坡文集事略二七贺欧阳少帅致仕启：“大勇若怯，大智若愚。”大巧若拙。老子曰：大音希声，大象无形。

大智若愚在生活当中的表现是不处处显示自己的聪明，做人低调，从来不向人夸耀自己抬高自己，做人原则是厚积薄发宁静致远，注重自身修为、层次和素质的提高，对于很多事情持大度开放的态度，有着海纳百川的境界和强者求己的心态，从来没有太多的抱怨，能够真心实在地踏实做事，对于很多事情要求不高，只求自己能够不断得到积累。很多时候大智若愚伴随的还有大器晚成，毕竟大智若愚要求的是不断积累自己，就像玉坯不断积累一样，多年的积累所铸就的往往是绝代珍品，出世的时候由于体积太大而需要精雕细琢，而不像外智那般的小玉一样几下了就可以雕琢出来马上能够拿到市场卖个好价钱，因而大器晚成之后往往都是无价之宝。

(摘自 : 陈瑶《低调做人的处世智慧》)

第二章 求学奋斗
학문

满腹经纶
mǎn fù jīng lún

🏛 **한자풀이**

满* : 찰 만　腹 : 배 복　经 : 지날 경　纶** : 벼리 륜

🏛 **뜻풀이**

뛰어난 학식이나 정치적 식견을 가지고 있다. 나라를 다스릴 능력이 있는 사람이라는 의미이다. '만복경륜满腹经纶'는 재능과 식견이 풍부하여 큰일을 처리할 능력이 있다는 의미로 쓰인다.

사진출처 : 百度网

* 만복满腹 : 뱃속에 가득하다. 마음에 가득하다.
** 경륜经纶 : 원래는 누에 실을 정리한다는 뜻. (비유) 포부를 가지고 계획을 세우고 다스리다. 또는 그 포부나 계획.

《주역周易·둔屯》에서 "상이 말하기를象曰, 운뢰둔 군자이경륜云雷屯, 君子以经纶(구름과 우레가 둔이니 군자가 이로써 세상을 다스린다).", 경륜经纶은 실타래를 정리하여 사람의 재능과 능력을 증명한다整理丝缕, 引申为人的才学、本领(포부를 가지고 일을 조직적으로 계획함)."라고 하였다.

명明·풍유민冯惟敏의 《해부산당사고海浮山堂词稿·상조집현빈商调集贤宾·제춘원题春园·낭리속살浪里束煞》에서는 "영웅을 논할 때 왜 노임천老林泉이라 하는가? 뛰어난 학식이나 정치적 경륜이 넘쳐 흐르니, 백성의 희망을 저버리지 않는다."라고 하였다.

청清·석옥곤石玉昆의 《삼협오의三侠五义》 제32회에서는 "안사산颜查散은 원래부터 포부가 원대하고, 선비 집안의 계승을 이어 받아 해박한 지식과 정치적 식견을 가지고 있어 자주 상경上京하여 시험을 치르기를 원한다."라고 하였다.

《周易·屯》: "象曰：云雷屯，君子以经纶。" 经纶：整理丝缕，引申为人的才学、本领。

明·冯惟敏《海浮山堂词稿·商调集贤宾·题春园·浪里束煞》: "论英雄何必老林泉？满腹经纶须大展；休负了苍生之愿。"

清·石玉昆《三侠五义》第三十二回：颜查散素有大志，总要克绍书香，学得满腹经纶，屡欲赴京考试。

卧薪尝胆
wò xīn cháng dǎn

한자풀이

卧 : 누울 와 薪 : 섶 신 尝 : 맛볼 상 胆 : 쓸개 담

뜻풀이

와신상담. 마침내 고생 끝에 낙이 온다. 치욕을 참으면서 무거운 책임을 가지고 분을 삭이며, 강해지기를 바라는 것을 의미한다. (=고진감래)

사진출처 : 百度网

역사유래

기원전 496년 춘추시대 오吳나라 왕인 합려闔闾는 군대를 파병해 월越나라를 공격했다가 월나라 왕 구천勾践에게 크게 패하였다. 합려는 중상을 입고 죽기 전에 아들 부차夫差에게 복수를 맹세케 했다. 부차는 아버지의 말씀을 명심하고 밤낮으로 병사들의 훈련에 박차를 가하여 월나라를 공격할 준비를 했다. 2년이 지나 부차가 군대를 거느리고 구천을 대패시켰다. 구천은 포위되어 갈 길이 없자 스스로 목숨을 끊으려 하였다. 그러자 책사谋臣(지모智谋가 뛰어난 신하)인 문종文种이 그를 타일렀고, 오나

라 대신大臣인 백비伯嚭가 재물을 좋아하고 호색가이니, 사람을 보내 그에게 뇌물을 주라고 말했다. 구천은 문종의 충고를 듣고서 그를 보내서 백비에게 보물을 주게 하였고, 백비는 문종에게 오왕을 만나러 가겠다고 약속하였다.

문종은 오왕을 만나 보물을 주며 "월왕은 항복하기를 원하고, 당신의 신하가 되어 시중을 들고자 하니 용서해 주십시오."라고 하였고, 백비도 옆에서 문종을 도왔다.

오자서는 구천이 주도면밀하고 생각이 원대한 사람이고, 문종과 범려는 지혜와 계략이 뛰어난 사람인 것을 알아채고 큰소리로 "병을 고치려면 뿌리를 뽑아야 한다."고 반대하였지만, 부차는 그들을 풀어주기로 했다.

그들은 돌아가서 이후에 복수할 방법을 생각하기로 했다. 이때 부차는 월의 복수는 염두하지 못하고 있었다. 결국 오자서의 충고를 듣지 않아 월의 항복을 받아들이고, 군대를 철수시켰다. 오의 군대가 철수하자, 구천은 아내와 범려를 데리고 오나라에 왔다. 오나라에서 부차의 시중을 들며 소와 양을 기르며 생활하였다.

그러다 오왕의 환심과 신임을 얻어 결국 3년 후 그들은 석방되어 귀국했다.

구천은 귀국 후, 분을 삭이지 못하고 복수를 준비했다. 그는 스스로 편안한 생활에 익숙해져 복수하는 것을 잊을까 두려워 밤에 무기를 베개로 삼아 베고, 볏짚더미 위에서 잠을 잤으며, 방문에 쓴 담을 걸어놓고 3년 동안 매일 아침 눈뜨자마자 쓴 담을 먹었다. 그의 문 밖에선 병사가 "당신은 3년동안 받은 굴욕을 잊으셨습니까?"라고 묻기도 했다.

범려는 군사들을 훈련시키고, 구천은 직접 밭에 나가 농부들과 함께 일하였고, 그의 아내도 실을 짜 옷을 만들며 생활하였다. 구천의 이런 노력은 월나라의 귀족과 백성들을 감동시켰고, 10년간의 노력 끝에 월나라의 병사와 식량은 넉넉해지고 약했던 군대는 강인해졌다.

그 때 오왕 부차는 민생은 전혀 돌보지 않고, 오히려 패권 다툼만 벌이고 있었다. 그는 또한 백비의 모함을 받아들여 충신 오자서를 죽였다. 마침내 부차는 패권 다툼에 성공하여 제후들에게 군림하게 되었지만 이 때 오나라는 겉으로만 강해 보였고, 사실상 내리막길을 걷고 있었다.

기원전 482년, 부차가 직접 대군을 이끌고 북상해 진晉나라와 제후諸侯 맹주盟主의 자리를 놓고 다투고 있었다. 월왕 구천은 오의 군대가 밖에 나가 있는 틈을 타 기습 공격해 오나라 병사를 단숨에 물리치고 태자太子 우友를 죽였다. 부차는 이 소식을 듣고 급히 회군하여 구천에게 사람을 보내 화해를 청하였고, 구천은 오나라를 단번에 멸망시킬 수 없을 것 같아 도움의 청을 받아들였다.

기원전 478년, 구천은 두 번째로 직접 군대를 이끌고 오나라를 공격했다. 이때 오나라는 이미 쇠퇴하여 월나라 군대의 거센 공격을 더 이상 버틸 수 없어 패하였다. 이번에도 부차는 사람을 보내 구천에게 화의를 청하였지만, 범려가 오나라를 멸망시키자고 강력히 주장하였다. 이에 부차는 화의가 실현되지 못한 것을 보고 비로소 오자서의 충고를 듣지 않은 것을 후회하며 검을 뽑아 스스로 목숨을 끊었다.

公元前496年，吴王阖闾派兵攻打越国，被越王勾践打得大败，阖闾也受了重伤，临死前，嘱咐儿子夫差要替他报仇。夫差牢记父亲的话，日夜加紧练兵，准备攻打越国。过了两年，夫差率兵把勾践打得大败，勾践被包围，无路可走，准备自杀。这时谋臣文种劝住了他，说："吴国大臣伯嚭贪财好色，可以派人去贿赂他。"勾践听从了文种的建议，就派他带着珍宝贿赂伯嚭，伯嚭答应和文种去见吴王。

文种见了吴王，献上珍宝，说："越王愿意投降，做您的臣下伺候您，请您能饶恕他。"伯嚭也在一旁帮文种说话。伍子胥站出来大声反对道："人常说'治病要除根'，勾践深谋远虑，文种、范蠡精明强干，这次放了他们，他们回去后就会想办法报仇的！"这时的夫差以为越国已经不足为患，就不听伍子胥的劝告，答应了越国的投降，把军队撤回了吴国。

吴国撤兵后，勾践带着妻子和大夫范蠡到吴国伺候吴王，放牛牧羊，终于赢得了吴王的欢心和信任。三年后，他们被释放回国了。

勾践回国后，立志发愤图强，准备复仇。他怕自己贪图舒适的生活，消磨了报仇的志气，晚上就枕着兵器，睡在稻草堆上，他还在房子里挂上一只苦胆，每天早上起来后就尝尝苦胆，门外的士兵问他："你忘了三年的耻辱了吗？"他派文种管理国家政事，范蠡管理军事，他亲自到田里与农夫一起干活，妻子也纺线织布。勾践的这些举动感动了越国上下官民，经过十年的艰苦奋斗，越国终于兵精粮足，转弱为强。

而吴王夫差盲目力图争霸，丝毫不考虑民生疾苦。他还听信伯嚭的坏话，杀了忠臣伍子胥。最终夫差争霸成功，称霸于诸侯。但是这时的吴国，貌似强大，实际上已经是走下坡路了。

公元前482年，夫差亲自带领大军北上，与晋国争夺诸侯盟主，越王勾践趁吴国精兵在外，突然袭击，一举打败吴兵，杀了太子友。夫差听到这个消息后，急忙带兵回国，并派人向勾践求和。勾践估计一下子灭不了吴国，就同意了。公元前478年，勾践第二次亲自带兵攻打吴国。这时的吴国已经是强弩之末，根本抵挡不住越国军队的强势猛攻，屡战屡败。最后，夫差又派人向勾践求和，范蠡坚决主张要灭掉吴国。夫差见求和不成，才后悔没有听伍子胥的忠告，非常羞愧，就拔剑自杀了。

（摘自：张敏杰《一百个中华传统美德故事》）

废寝忘食
fèi qǐn wàng shí

한자풀이

废*: 폐할 폐 寢: 잘 침 忘: 잊을 망 食: 밥 식

뜻풀이

어떤 일에 전심전력하다. 잠도 못자 고 밥 먹는 것도 잊은 채로 온 힘을 다 해 노력한다는 의미로 쓰인다.

사진출처 : 百度网

출전

북제北齐(남북조南北朝시대 고양高洋이 세운 북조의 한 나라(550-577)) 시대에 안지추颜之推의 《안씨가훈颜氏家训·면학勉学》에서 원제元帝(남북 조 시대 양梁나라의 제4대 황제)는 강형江荆(지명)에 있는 기간에 배우기 를 좋아하여 학생을 모아 전심전력으로 직접 가르치며 밤을 지새웠다."라 고 하였다.

《위서 제94권 엄관전 조흑전魏书卷九十四阉官传赵黑传》에서 "흑은 스스 로 함몰된 줄 알고 하루 종일 한탄하며 전심전력하여 전에 품었던 원한을 갚는다."라고 말했다.

원元·증서경曾瑞卿의 《유혜기留鞋记》 제1절에서 "그러나 편지를 보내 소식을 전하면 나머지 사람들도 전심전력을 다한다."라고 하였다.

---

* 폐废 : 정지하다, 멎다.

원 무명씨元无名氏《완강정翫江亭》제2절에서 "당신은 그와 하루도 떨어져 있지 않고, 이렇게 전심전력을 다했다."라고 하였다.

《명사明史·양수진전杨守陈传》에서 "이 신하는 아침저녁으로 근심하여 전심전력할 것이다."라고 하였다.

北齐·颜之推《颜氏家训·勉学》："元帝在江荆间, 复所爱习, 召置学生, 亲为教授, 废寝忘食, 以夜继朝。"

《魏书卷九十四阉官传赵黑传》："黑自以为訢所陷, 叹恨终日, 废寝忘食, 规报前怨。"

元·曾瑞卿《留鞋记》第一折："但得个寄信传音, 也省的人废寝忘食。"

元·无名氏《翫江亭》第二折："你与他每日不曾离, 直这般废寝忘食。"

《明史·杨守陈传》："此臣所以朝夕忧思, 至或废寝忘食者也。"

🏮 **역사유래**

공자孔子가 연로했을 때, 여러 나라를 두루 여행하기 시작했다. 그가 64세 때 초楚나라 심제량沈诸梁(춘추전국시대 초나라 사가이자 정치가)의 봉지封地인 엽읍叶邑(지금의 하남河南 엽현叶县 부근)을 찾았다. 초나라 영윤令尹(초나라의 집정관执政官), 사마司马(옛날의 관직명)심제량沈诸梁은 공자를 극진히 대접했다. 엽공叶公으로 불렸던 심제량은 공자가 유명한 사상가이자 정치가이고, 뛰어난 많은 제자들을 길러냈다는 것을 전해 들었지만, 공자와는 잘 모르는 사이라 공자의 제자인 자로子路에게 그의 됨됨이에 대해 물었다. 자로子路는 공자와 오랜 시간을 같이 했지만, 순간 어떻게 대답을 해야 할지 몰라 아무 말도 하지 못했다.

나중에 공자는 그 사실을 알고 자로子路에게 말하였다. "너는 왜 그 사람에게 이렇게 대답하지 않았느냐. '공사께서는 배움에 열중하여 식사하는 일 조차도 잊고 끊임없이 가르침을 주시며, 여태껏 가난이나 고통을 걱정하신 적이 없습니다. 배우는 것을 항상 쉬지 않고 정진하시며 심지어 자신의 나이를 잊으실 때도 있습니다.'"라고 하였다.

孔子年老时, 开始周游列国。在他六十四岁的时候, 来到了楚国沈诸梁的封地叶邑(今河南叶县附近)。楚国令尹、司马沈诸梁, 热情接待了孔子。沈诸梁人称叶公, 他只听说过孔子是个有名的思想家、政治家, 教出了许多优秀的学生, 但是对孔子并不了解, 于是向孔子的学生子路打听孔子的为人。子路是孔子多年的学生, 但一时却不知怎么回答, 就没有作声。后来, 孔子知道了这事, 就对子路说:"你为什么不说:'孔子的为人呀, 努力学习而不厌倦, 甚至于忘记了吃饭, 津津乐道于授业传道, 而从不担忧受贫受苦; 自强不息, 甚至忘记了自己的年纪。'这样的话呢?"

锲而不舍
qiè ér bù shě

한자풀이

锲* : 새길 계　而 : 말 이을 이　不 : 아닐 부　舍** : 버릴 사

뜻풀이

　끊임없이 조각하다. 인내심을 갖고 일을 계속하다. 끈기 있고 변함없이 한결같은 마음을 의미한다.

사진출처 : 百度网

---

* 계锲 : 새기다, 조각하다.

** 사舍 : 정지하다.

전국시대 말기 중국의 저명한 철학자이자 교육자인 순황荀况(순자荀子라고도 함)은《권학勸学》에서 일을 할 때 끈기와 의지가 있어야 한다고 가르쳤다. 이 용어는 글자 그대로 끊임없이 조각하는 것으로 금속이나 돌처럼 단단한 것까지도 새길 수 있다는 뜻이다. 이 중 '누각镂刻'은 가장 섬세한 조각 방식이다.

순자荀子는 자연의 발전에는 객관적인 규율이 있다고 생각했다. 하늘에 운명을 맡기는 것을 반대했고 귀신을 믿지 않았다. 순자荀子는 사람의 노력은 대자연을 이길 수 있고, 운명은 극복할 수 있다고 믿었다. 또한 사람의 재능을 때와 장소에 맞게 발휘하면 만물을 발전시킬 수 있다고 주장했다.

순자荀子는 자신의 교육사상(철학)을 나타내기 위해《권학勸学》이라는 유명한 글을 썼다.《권학勸学》에는 교육, 학습 방면의 많은 이론들을 기술하였고, 이는 후세에 큰 영향을 미쳤다. 그는 사람이 교육받고 열심히 배우는 것은 시비是非를 판단하는 데 항상 필요하며, 그래야만 '청출어람青出于蓝, 이성어람而胜于蓝', 즉, 제자가 스승을 능가하고 후세사람이 선대를 능가할 수 있다고 하였다.

《권학勸学》에서 순자는 금석을 새기는 것에 빗대어 배움은 반드시 끈기를 가지고 지속되어야 한다는 이치를 설명하기도 했다. 그는 "새기다가 중도에 포기하여도 썩은 나무는 부러지지 않고 시들어 버리며, 새기는 것을 포기하지 않으면 금석도 새길 수 있다."고 하였다. 후세 사람들은 이러한 이치에 근거하여 이를 성어로 사용하였다. 새기는 것을 중도에 포기하면 썩은 나무는 부러지지 않고 시들어버리지만, 꾸준히 계속 새긴다면 쇠와 돌에도 뚫을 수 있다는 것이다(정성이 지극하면 돌 위에도 꽃을 피울 수 있다.).

지식의 습득은 적은 것에서 많은 것으로, 하루하루를 쌓는 과정이며 해박한 지식은 한 방울 한 방울이 쌓여 만들어지는 것이다. 차곡차곡 쌓이지 않고는 천 리까지 갈 수 없고, 작은 물줄기도 축적되지 않으면 강이 될 수 없다. 그러므로 배우는 것은 반드시 꾸준히 해야만 성공할 수 있다.

战国末期我国著名的哲学家和教育家荀况(即荀子)在《劝学》中教育人们做事情要有恒心和毅力, 坚持不懈、持之以恒。这个词从字面上理解就是不停地雕刻, 就连金属和石头那么硬的东西都可以镂穿。其中"镂刻"是一种精细的雕刻方式。

荀子认为自然发展有其客观的规律;反对天命, 不迷信鬼神, 认为人定胜天;还主张因地、因时制宜, 充分发挥人的才能, 促使万物发展。在教育方面, 荀子写了一篇著名的文章——《劝学》,《劝学》中记述了他在教育、学习方面的很多理论, 对后世影响深远。比如, 他认为人接受教育, 努力学习是非常必要的, 这样才能"青出于蓝, 而胜于蓝", 使学生超过老师, 后人胜过前人。另外, 荀子还用镂刻金石来说明学习一定要持之以恒的道理。锲而舍之, 朽木不折;锲而不舍, 金石可镂。后人就是根据这里锲而不舍的意思总结出了这句成语。这句话的意思是如果镂刻而不能坚持下去, 就连朽木也不会被折断;但若坚持一直不停地镂刻, 就是金属、石头也会被镂穿。学习知识是一个由少到多、日积月累的过程, 高深渊博的学识是一点一滴积累而成的, 所谓"不积跬步, 无以至千里;不积小流, 无以成江海"。人们学习时一定要坚持, 才会取得成功。

夸父逐日
kuā fù zhú rì

🏛 **한자풀이**

夸 : 자랑할 과   父 : 자 보   逐 : 쫓을 축   日 : 날 일

🏛 **뜻풀이**

과보가 해를 쫓다. 자신의 능력을 알지 못하고 허황된 큰 뜻을 품는 다는 뜻이다.

사진출처 : 百度网

🏛 **역사유래**

전설에 의하면 과보夸父는 아미산峨嵋山의 한 과보족夸父族의 우두머리로 몸집이 크고 힘이 무궁무진했다고 한다. 해가 일 년 내내 농작물에 어떤 영향을 미치는지 햇빛을 관찰하여 대자연의 법칙을 알아내려 하였다. 과보夸父는 복숭아나무 막대기를 가지고 동쪽에서 서쪽까지 해의 그림자를 측정하여 사계절을 정하였다. 또 황하黃河와 위하渭河에서 가장 높은 홍수의 수위水位 흔적을 표시했다. 이렇게 하면 농작물을 경작할 때 참고할 수 있었다. 왜 복숭아나무 막대기를 가지고 왔는지에 대해서는 정

확히 알 수 없지만, 아마도 고대인들이 미신을 믿고 액땜하기 위함이었을 것으로 추측된다. 즉, 과보夸父는 중국 농업 과학자의 시조라 볼 수 있다. 그는 동쪽과 서쪽을 잇는 영보시灵宝市(현 하남성河南省 북부)에 머물렀으며, 이곳에서 생을 마감하였다고 한다.

传说夸父是峨嵋山上一个夸父族的首领，他身材魁梧、力大无穷。为了弄清太阳一年四季对农作物的影响，能够让人们合理利用阳光以及熟悉大自然的规律，夸父拿一根桃木棍儿从东至西测量日影来判断四季，再从黄河和渭河的涨水痕迹上标出最高洪水的水位，这样可以对农作物提供耕种参考。夸父可以说是传说中的中国农业科学家的鼻祖。他从东至西到达灵宝市西部，寿终于此。

🏯 보충

과보축일夸父逐日

중국 상고시대의 전설로 《산해경山海经·해외북경海外北经》에서 나온 이야기이다.

황제왕조黄帝王朝 시대에 어느 부족의 우두머리인 과보夸父는 해를 떼어내서 사람들의 마음 속에 넣으려고 했다. 자신의 힘을 헤아리지 않고 해가 저물 때까지 해를 쫓으며 달렸다. 결국 그는 목이 말라 황하강黄河과 위수강渭水의 물을 마셨으나 부족하여 북쪽의 큰 호수(혹은 큰 연못)로 물을 마시러 가는 도중에 목이 말라 죽었다. 그의 지팡이는 복숭아나무숲이 되어 복숭아밭이 만들어지고, 그의 몸은 과보산夸父山이 되었다고 전해내려 온다.

축일의도逐日意图

중국 역사에서 과보축일夸父逐日은 사실상 첫 번째 장거리 부족 이동이며, 이는 매우 담대한 탐험이 아닐 수 없다.

아주 먼 고대시기에 모든 부족들은 한 곳에 오래 머무르는 정착생활을 했고 주로 채집과 농경으로 식량을 획득했다. 머무르던 땅의 자원이 고갈될 때까지 이 방식을 사용하였다. 땅에서 얻을 수 있는 자원이 고갈되면 동물을 사냥하거나 물고기를 잡는 방식이 많아졌고 채집은 점점 줄어들어, 얻을 수 있는 식량과 자원도 줄어들 수밖에 없었다. 이런 상황에서 오로지 가능한 선택은 부족이 새롭고 더 나은 곳으로 이주하는 것이었다.

과보夸父는 이 문제가 생겼을 때, 해가 지는 서쪽 방향인 '우곡禺谷'으로 이주하기로 결정하였다.

과보족夸父族에게 이 결정은 오히려 정상적인 결과였다. 지구가 둥글다는 것, 태양의 주위를 지구가 도는 것과 중국 서북부의 지리 상황을 그들은 전혀 몰랐기 때문이다. 그들은 황해黄海와 발해渤海에 가까이 와서야 아마도 그곳 부족으로부터 알게 되었을 것이다. 동쪽이 바로 바다이고, 태양은 바다에서 떠오르며, 태양이 지는 서쪽이 바로 우곡禺谷이라는 것을!

夸父逐日

《夸父逐日》是中国上古时代神话传说故事, 故事出自于《山海经·海外北经》。

相传在黄帝王朝的时代, 夸父族其中一个首领想要把太阳摘下, 放到人们的心里面, 于是就开始逐日。他口渴的时候喝干了黄河、渭水, 准备往北边的大湖（或大泽）去喝水, 奔于大泽路途中被渴死。他的手杖化作桃林, 成为桃花园; 而他的身躯化作了夸父山。

逐日意图

夸父逐日实际上是中华民族历史上的一次长距离的部族迁徙, 是一次很有胆略的探险。但是, 由于对太阳的运行和中国西北部地理状况的认识完全错误，最终导致失败。

在远古时期，任何一个部族在一个地方定居一段时间，其原始的，破坏性的劳动，都会让那里的资源受到破坏。土地肥力下降或盐碱化，狩猎和捕鱼范围增大而导致数量上的减少，这样的情况是不可避免的，能获得的食物和物资只会越来越少。在这种情况下，部族必须迁徙，移居到新的地方。

夸父遇到这个问题时决定去向西边太阳落下的地方——禺谷。对夸父族内陆部族来说，作出这个决定是很正常的。他们其实并不知道大地是球形的，地球绕太阳运转以及中国西北部的地理状况，他们只是可能从其他部族那里知道：东边是大海，太阳从海上升起。

凿壁偷光
záo bì tōu guāng

🏛 한자풀이

凿 : 뚫을 착　壁 : 벽 벽　偷 : 훔칠 투　光 : 빛 광

🏛 뜻풀이

　벽에 구멍을 뚫어 이웃집의 불빛을 빌려 쓰다. 현재는 형편이 어려움에
도 불구하고 열심히 배우고자 하는 사람을 의미한다.

사진출처 : 百度网

🏛 역사유래

　이 용어는 서한西汉의 문학가인 광형匡衡이 어린 시절 너무 가난하여
이웃집의 벽을 뚫어 새어 나온 호롱불을 빌려서 공부하여 마침내 그 시대
유명한 문학가가 된 데서 유래하였다.

　광형의 집안은 매우 가난해서 낮에는 여러 일을 하면서 돈을 벌어 생계
를 유지해야 했고, 밤이 되어서야 비로소 앉아서 마음 편히 책을 읽을
수 있었다. 그러나 초를 살 수도 없어 날이 어두워지면 책을 읽을 수 없었

다. 광형은 이렇게 낭비되는 시간이 안타깝고 고통스러웠다. 그는 용기를 내어 이웃집 주인에게 일한 대가로 주인집에 있는 책을 읽을 수 있게 해 달라고 부탁했고, 이에 주인은 감탄하여 책을 내주고 학문을 배우도록 하였다.

벽을 뚫고 빛을 빌린 이야기를 통해 외부의 환경과 조건은 결코 중요한 것이 아니므로 결정적인 역할을 할 수 없으며, 외적인 요소는 사물의 변화에 영향을 미치는 조건일 뿐이라는 것을 알 수 있다. 결정적인 역할을 하는 것은 결국 내적 요소인 자신의 마음과 의지인 것이다.

这个成语是出自西汉大文学家匡衡幼时凿穿墙壁引邻舍之烛光读书, 最后成为一代文学家的故事。

由于匡衡家里很穷, 所以他白天必须干活挣钱。只有到了晚上, 他才能坐下来安心读书。不过因为家里没有蜡烛, 所以天一黑, 就无法看书了。匡衡心疼这浪费的时间, 内心非常痛苦。

从凿壁借光的事例可看出, 外因(环境和条件)并不是决定性的因素, 外因只是影响事物变化的条件, 只有通过内因才能起作用。

东山再起
dōng shān zài qǐ

한자풀이

东 : 동녘 동　山 : 메 산　再 : 두 재　起 : 일어날 기

뜻풀이

재기하다. 권토중래捲土重來하다. 권력을 잃은 후 다시 지위를 회복하는 것을 비유한다.

东山再起

사진출처 : 百度网

역사유래

동산재기东山再起의 역사는 강녕江宁(남경南京의 옛 이름) 지역에서 오래 전부터 전해내려 온다. 이 이야기는 삼국시대三国时期 손권孙权에서 비롯되었다고 한다. 강녕江宁의 동산东山의 원래 이름은 토산土山이다. 어느 해 어린 진秦나라 왕이 산을 쫓아 방산을 채찍질하던 중 떨어진 흙 한 줌에서 토산이라는 이름이 붙여졌다고 한다. 오吴나라의 수도는 오군(현

강소성 소주(江苏苏州)에 세웠으며, 돌로 된 성을 쌓고 수도를 이전(현 강소성 남경江苏南京)했다.

오吳나라(229.5.23-280.5.1)는 삼국三国 중의 하나로 손권孙权에 의해 건국되었고, 국호는 '오吳'라고 지었다. 손오(서기222년 손권을 왕으로 부르고, 229년 정식 황제가 되었다)라고도 불렀으며, 위나라曹魏, 촉한蜀汉을 세웠고(위·촉·오), 통치지역이 삼국의 동쪽에 있어 동오东吴라고 불리기도 하였다.

서기 383년 8월, 진秦나라의 부견符坚이 백만 대군을 이끌고 남쪽 아래에 있는 진晋나라를 정벌하였다. 이때 진晋나라 황제는 사안谢安을 떠올리며 동산东山으로 사람을 파견하여, 그를 장군으로 임명하였다. 넓은 도량을 가진 사안은 오직 나라를 구해야 하는 긴박함에 한 마디 말도 없이 조정으로 돌아가 병사를 파견하고, 위아래를 정돈하여, 상과 벌을 분명하게 하고, 병사들과 한마음으로 부견과의 전쟁에 목숨 바쳐 싸우고자 하였다.

얼마 되지 않아 부견의 대군들과 말은 회하淮河(하남성河南省에서 발원하여 안휘성安徽省을 거쳐 강소성江苏省으로 유입하는 강)와 비수淝水(안휘성安徽省의 중부에 흐르는 두 강)에 도착했고, 그들이 강만 건너면 동진东晋은 위험에 처하게 되니 사안은 마음 속으로 동진의 팔만 사병 부하들을 데리고 진秦나라 부견과 단단히 맞서야겠다고 생각했다. 그는 마치 계란으로 바위를 치듯이 필사적으로 싸웠으며 동산에 진을 치고 앉아서 위험에 직면해서도 침착하게 병력을 배치하였다. 그리고 자기의 조카인 사현谢玄도 전선으로 보내어 싸우게 하였다. 그의 조카가 떠나기 전에 이 싸움의 전술이 무엇인지 궁금하여 물으니, 사안은 "나라가 알아서 배치시켰다."라는 한 마디만 하였다. 사현은 불안하고 자신이 없어 다음날 또 사람을 보내 전술에 대해 정보를 얻으려 했으나, 사안은 아침부터 날이 어두워질 때까지 바둑만 두고 전술에 관하여 한 마디도 해주지 않았다.

그 날 한밤중이 되서야 장군들의 명단을 꺼내 '팔괘진八卦阵'을 펼쳐 전투대열을 배치했다.

비수에서는 전쟁이 이어지고 있는데 사안은 여전히 동산에 앉아 장기를 두었다. 적들은 계략에 빠져 크게 패하여 도망쳤고, 이 기쁜 소식이 전해지자 사안은 한 번 쳐다보고는 두 말 없이 계속 장기를 두었다. 많은 사람들은 모두 둘러서서 소식을 듣고 나서야 전방의 승전을 알게 되었고, 사현은 큰 공을 세울 수 있었다. 현장에 있던 사람들은 사안의 침착함에 감탄하지 않을 수 없었다. 이것이 그 유명한 '비수대전淝水之战'이다.

비수에서의 싸움으로 동진东晋을 구했고, 사안은 삼공지상三公之上(관직명)으로 책봉되었다. 그가 동산에서 한가로이 있다가 큰 업적을 세운 것을 두고 후대 사람들은 모두 그를 "동산재기东山再起"라고 불렀다.

东山再起的历史来自江宁周边地区。起源于三国时期的孙权。江宁的东山原为土山，据说是当年小秦王赶山塞海神鞭鞭方山时掉下的一撮土，取名土山。吴开始建都于吴郡(治今江苏苏州)，后筑石头城迁都建业(今江苏南京)。

吴国(229年5月23日-280年5月1日)，三国之一，为孙权所建立，国号为"吴"，史学界称之为孙吴(公元222年孙权称王，229年正式称帝)。由于与曹魏、蜀汉呈鼎立之势，所统治地区又居于三国之东，故亦称东吴。

公元383年8月，前秦符坚率百万大军南下讨伐晋国。此时的皇帝想起了谢安，决定重新启用他，封他为征讨大都督。谢安没有推托，他回到朝廷调兵遣将，上下整顿，赏罚分明，官兵一心，准备与符坚决一死战。

没过多久，符坚的人马打到了淮河、淝水，只要一过江，东晋就会很危险，谢安心中有数，凭东晋的八万官兵跟符坚硬拼尤如鸡蛋碰石头，他坐阵东山，临危不乱，精心排兵布阵，并把自己的侄儿谢玄也派到前线去打仗。他侄儿临走前询问作战方案，谢安说："朝廷自有安排"。谢玄心里没底，第二天又派人来听口风，谢安就拖来人下棋，一直下到天黑，打仗的事一字未提，到了当天半夜时分，才掏出将帅名单，摆出了他的"八卦阵"。

淝水战事拉开，谢安在东山跟人下棋，敌人果真中计，大败而逃。喜报传来，谢安接过一看，什么也没说，继续下棋。大家都围过来打听消息才知道前方打了胜仗，谢玄立了大功，在场的人无不佩服谢安沉得住气，这就是历史上著名的以少胜多的战役"淝水之战"。

淝水一仗，救了东晋，谢安被封为三公之上。因为他东山闲居以后，又出来做了一番大事业，后来人们将这称为"东山再起"。

闻鸡起舞
wén jī qǐ wǔ

한자풀이

闻 : 들을 문 鸡 : 닭 계 起 : 일어날 기 舞 : 춤출 무

뜻풀이

　닭이 울면 일어나서 검술을 연마한다. 원래는 새벽에 닭 우는 소리를 듣고 일어나 칼을 휘두르며 춤을 추듯이 검술을 연마한다는 의미였으나, 지금은 큰 뜻을 품은 사람은 기회가 오면 있는 힘을 다해 발휘한다는 의미로 사용된다.

사진출처 : 百度网

역사유래

　《진서晋书·조적전祖逖传》의 기록에 의하면 동진东晋시기에 군인 조적祖逖은 어려서부터 큰 포부를 품었고, 매번 절친한 친구인 유곤刘琨과 나라의 정세에 대해 논의를 할 때면 항상 의기와 어조가 격앙되고, 정의감과 흥분으로 가득 차 있었다고 한다. 훗날 나라에 보답하기 위해 그들은

한밤중에 닭이 우는 소리가 들리면 옷을 걸치고 일어나 칼을 뽑고 검술을 열심히 연마하였다.

동진東晉 범양주현范阳道县(현 하북래수河北涞水)의 출신인 조적祖逖은 대범하고 원대한 포부를 가진 사람이었다. 하지만 그는 어렸을 때 책 읽는 것을 싫어했던 장난꾸러기였다. 청년기에 접어들자 그는 자신의 지식이 부족하다는 것을 깨닫고 책을 읽지 않으면 국가를 위해 할 수 있는 일이 없다는 생각이 들어 분발해서 책 읽기를 시작했다. 그는 많은 책을 읽고 열심히 역사를 배웠으며, 몇 해 지나지 않아 학문이 크게 향상되었다. 그는 일찍부터 수도 낙양洛阳을 몇 차례 드나들었고 그를 겪어본 사람들은 모두 조적祖逖은 왕을 보좌할 수 있는 뛰어난 인재라고 여겼다. 조적祖逖이 스물네 살 되던 해에 그에게 벼슬을 권함에도 승낙하지 않고 꾸준히 배움에만 힘썼다.

이 후 조적祖逖과 그의 어릴 때 친구인 유곤刘琨은 우정이 점점 깊어져 종종 한 침대에 누워 같이 자기도 하고, 공功을 쌓아 진晉나라를 부흥시켜 나라의 재목이 되겠다는 원대한 꿈도 함께 꾸었다.

어느 날 한밤중에 조적祖逖은 잠에서 덜 깬 상태에서 수탉의 울음소리를 듣고는 유곤刘琨을 발로 흔들어 깨우며 물었다. "닭이 우는 소리 들었나?" 유곤刘琨이 대답하기를, "한밤중에 닭 울음소리를 듣는 것은 불길한 것이네"라고 했다. 조적은 "원래 그러려고 한 것은 아니네만, 이왕 이리 된거 차라리 닭 우는 소리가 들리면 일어나서 함께 검술을 연마하세."라고 말했다. 유곤도 흔쾌히 동의하였고, 그때부터 그들은 매일 닭이 울면 일어나 검의 빛이 춤추는 듯이 검소리를 울려 퍼트리며 검술을 연마하였다.

사계절 내내 그들은 한번도 멈추지 않고 계속하여 검술을 연마하였고 노력은 배반하지 않았다. 오랜 시간 열심히 공부하고 훈련한 끝에 그들은 마침내 문무를 갖춘 뛰어난 인재가 되었다. 조적祖逖은 진서镇西(현 신장성新疆省에 있는 도시)의 장군으로 임명되어 국가를 위해 봉사하겠다는 그의 염원을 실현시켰고, 유적刘琨은 북쪽을 정벌하는 중랑장中郎将(관직명)을 지내면서 기冀(현 하북성河北省)와 유삼주幽三州(현 섬서성陕西省, 빈현彬县, 순읍현旬邑县 일대)군사를 관리하는 겸직을 맡아 문무의 재능을 유감없이 발휘했다.

《晋书·祖逖传》: 传说东晋时期将领祖逖他年轻时就很有抱负, 每次和好友刘琨谈论时局, 总是慷慨激昂, 满怀义愤, 为了报效国家, 他们在半夜一听到鸡叫, 就起床练剑习武。

东晋范阳遒县(今河北涞水)人祖逖是个胸怀坦荡、具有远大抱负的人。可他小时候却是个不爱读书的淘气孩子。进入青年时代, 他意识到自己知识的贫乏, 深感不读书无以报效国家, 于是就发奋读起书来。他广泛阅读书籍, 认真学习历史, 从中汲取了丰富的知识, 学问大有长进。他曾几次进出京都洛阳, 接触过他的人都说, 祖逖是个能辅佐帝王治理国家的人才。祖逖24岁的时候, 曾有人推荐他去做官, 他没有答应, 仍然不懈地努力读书。后来是说祖逖和幼时的好友刘琨一同担任司州主簿。他与刘琨感情深厚, 不仅常常同床而卧, 同被而眠, 而且还有着共同的远大理想: 建功立业, 复兴晋国, 成为国家的栋梁之才。一次, 半夜里祖逖在睡梦中听到公鸡的鸣叫声, 他一脚把刘琨踢醒, 对他说: "你听见鸡叫了吗?"刘琨说: "半夜听见鸡叫不吉利。"祖逖说: "我偏不这样想, 咱们干脆以后听见鸡叫就起床练剑如何?"刘琨欣然同意。于是他们每天鸡叫后就起床练剑, 剑光飞舞, 剑声铿锵。春去冬来, 寒来暑往, 从不间断。功夫不负有心人, 经过长期的刻苦学习和训练, 他们终于成为能文能武的全才。祖逖被封为镇西将军, 实现了他报效国家的愿望; 刘琨做了征北中郎将, 兼管并、冀、幽三州的军事, 也充分发挥了他的文才武略。

(摘自: 崔乐泉《中国体育通史(第一卷)》)

조적祖逖(266-321)의 자는 사아士雅이다. 하북성 범양주현河北范阳遒县사람이며(지금의 하북래수河北涞水사람이고 연산燕山에서 태어났다는 설도 있다) 한족汉族이다. 중국 동진东晋 초기에 중원을 회복해 북벌한 대장으로써 많은 공을 세웠다. 부친인 조무祖武는 상곡上谷(지금의 하북 회래현河北怀来县의 태수太守를 지냈다. 아버지가 돌아가셨을 때, 조적祖逖은 아직 어려서 그를 형들이 돌봐야 했다. 조적의 성격은 활발하고 명랑했다. 항상 활동적이고 조용한 것을 좋아하지 않았다. 14~15살까지도 책을 많이 읽지 않아서 형들은 그것 때문에 매우 걱정하기도 했으나, 그의 활발하고 의리 있는 성격 덕에 이웃들에게 늘 좋은 평가를 받았다. 그는 종종 형들의 이름으로 집에 있는 곡식과 포목을 재해를 입은 가난한 농부들에게 나눠주었다. 하지만 실제로 그의 형들은 그럴 마음이 없었다.

유명한 '문계기무闻鸡起舞'는 그와 유곤刘琨의 이야기이다. 313년, 늠름한 장군 조적祖逖은 예주 자사豫州刺史의 신분으로 북쪽을 정벌했다. 그가 북쪽으로 장강长江을 건너 배가 중류에 이르렀을 때 눈앞에 흐르는 강물을 바라보니 감개무량하였다. 산과 강이 부서지고 백성들이 도탄에 빠지는 광경을 생각하며 어려운 처지와 꿈을 펼치지 못한 분한 마음이 들었다. 뜨거운 피가 솟구치는 것을 느끼며 배를 치고 맹세했다. "조적祖逖이 이번에 나서서 중원을 청산하고 적을 물리치지 못하면 이 큰 강의 흐르는 물처럼 되돌아오지 않을 것이다!"라고 말이다. '중류격즙中流击楫(강 한복판에서 노를 젓다)'은 중원을 평정하고 잃어버린 땅을 되찾지 못하면 절대 강동江东으로 돌아가지 않겠다는 의미이다. 조적祖逖이 이끄는 부대는 규율이 매우 엄격하고 명확했으며, 각 지역의 백성들의 신임을 얻을 수 있었다. 그리하여 수년간 엄청난 땅을 수복했다. 남쪽에서 쳐들어오지 못하도록 그를 진서장군镇西将军으로 임명하였으나, 이후 조정에 내란이 생겨 북벌에 실패하였다.

유곤刘琨(271-318) 자는 월석越石이고 중산위창中山魏昌(현 하북무극河北无极) 사람이다. 서진西晋 시대의 유명한 장군이다. 한汉나라 중산정왕中山靖王 유승劉勝의 후예이다. 수도 낙양洛阳을 정복했으며, 외모도 출중했고, 문학적 재능도 뛰어나 문학단체에 몸담기도 했다. 멋지고 재능이 뛰어난 귀족자제 문객文客 모임인 '금곡이십사우金谷二十四友' 중 한 명이며, 그중 가장 나이가 어려서 순위가 가장 마지막이었다. 사주司州의 주부主簿가 되었을 때, 조적祖逖과 함께 닭이 우는 소리를 듣고 깨어나 춤을 추며 검술을 연마하였다.

팔왕의 난八王之乱(중국 서진西晋의 황족 사이에 권력 다툼으로 일어난 전국적인 전란. 전후로 16년간 나라가 황폐해졌고, 서진을 멸망에 이르게 하였음)과 영가의 난永嘉之乱이 지나, 신주神州(옛 중국)가 망하고, 북방이 함락되었다. 오직 유곤刘琨만이 병주并州(현 섬서성陕西省) 자리를 지켰다. 당시 북방은 북방 민족 세력의 근거지였다. 이후 유곤의 출병을 도왔던 선비족鲜卑族(고대 중국의 몽고 퉁구스계의 유목 민족)의 수령首领 탁발의拓跋猗는 형제에게 죽임을 당했고, 각 종족과 싸웠지만 병력이 없어 요북辽北에서 투항했다. 나중에 요북辽北 내부의 권력 다툼으로 죽었다.

祖逖(266-321), 字士雅。河北范阳遒县(今河北涞水)人(有传言他是在燕山上出生), 汉族。中国东晋初有志于恢复中原而致力北伐的大将。父亲祖武, 任过上谷(今河北怀来县)太守。父亲去世时, 祖逖还小, 他的生活由几个兄长照料。祖逖的性格活泼、开朗。他好动不爱静, 十四五岁了, 没读进多少书。几个哥哥为此都很忧虑。但他为人豁落, 讲义气, 好打不平, 深得邻里好评。他常常以他兄长的名义, 把家里的谷米、布匹捐给受灾的贫苦农民, 可实际上他的哥哥们并没有这个意思。著名的"闻鸡起舞"就是他和刘琨的故事。313年, 以奋威将军、豫州刺史的身份进行北伐。当他北渡长江, 船至中流之时, 眼望面前滚滚东去的江水，感慨万千。想到山河破碎和百姓涂炭的情景，想到困难的处境和壮志难伸的愤懑，豪气干云，热血涌动，于是敲着船楫朗声发誓："祖逖不能清中原而复济者，有如大江"！(中流击楫)意思是若不能平定中原，收复失地，决不重回江东！祖逖所部纪律严明，得到各地人民的响应，数年间收复黄河以南大片土地，使得石勒不敢南侵，进封镇西将军。后因朝廷内乱，北伐失败。

刘琨(271-318)，字越石，中山魏昌(今河北无极)人。中国西晋时期名将。汉中山靖王之后，美姿仪，弱冠以文采征服京都洛阳。厕身以帅哥才子闻名的文学政治团体"金谷二十四友"之中，因年纪最小，排名最后。为司州主簿时，与祖逖闻鸡起舞，八王之乱又经永嘉之乱，神州陆沉，北方沦陷，只有刘琨坚守在并州，是当时北方仅存的汉人地盘。后因爱慕刘琨发兵帮助的鲜卑首领拓跋猗卢被兄弟杀死，没有兵力与各族争斗，投奔辽北，后因辽北内部争权而死。

(摘自：司马光《资治通鉴》白话译文)

持之以恒
chí zhī yǐ héng

🏛 **한자풀이**

持* : 가질 지   之 : 갈 지   以 : 써 이   恒** : 항상 항

🏛 **뜻풀이**

끈기를 가지고 지속하다. 어떤 일에도 꾸준히 임하고 오래 버틴다는 의미이다.

사진출처 : 百度网

🏛 **출전**

청清·증국번曾国藩의 《가훈유기택家训喻纪泽》에서 "그의 단점은 언어가 어눌하고 행동거지가 신중하지 못해 책을 깊게 읽지 못하고 글을 잘

---

* 지持 : 지속하다.
** 항恒 : 영원하다.

짓지 못하는 것이다. 만약 이 세 가지를 한 번에 잘하고자 한다면, 용감하게 앞으로 나아가서 꾸준히 끈기를 가지고 하여라. 그러면 불과 1,2년 만에 자신도 모르게 크게 향상될 것이다."라고 하였다.

清·曾国藩《家训喻纪泽》："尔之短处, 在言语欠钝讷, 举止欠端重, 看书不能深入, 而作文不能峥嵘。若能从此三事上下一番苦功, 进之以猛, 持之以恒, 不过一二年, 自尔精进而不觉。"

📖 보충

증국번《증국번가서曾国藩家书(증국번이 아들에게 보낸 편지를 발췌해 엮은 책)》

증국번은 일찍이 학문에 힘썼으며 그의 학문 분야는 역사, 고문에서부터 서예, 이학, 그리고 각종 전장제도典章制度에 이른다. 그는 학문에 대한 갈망이 깊었다. 당대 조정의 대학문가大学问家였던 매증량梅曾亮, 하소기何绍基 등의 명사와 필적하기를 갈망하였으나, 결국 저술이 풍부한 대학자가 되지 못했다. 그 이유는 그는 책을 저술하기 전에 이미 2품의 고관高官에 올랐으며, 정치 권력다툼에 휘말렸기 때문이다. 그 후 전쟁에 뛰어 들어 그가 서원书苑을 지킬 수 없게 되어 학문에 전념 할 수 없게 되었다. 당대의 저명학자 남회근南怀瑾은《논어별재论语别裁》에서 "청나라 유명한 신하 증국번에게는 13개의 학문이 있고 그 중 두 가지 학문이 전해 내려오는데 그 중 하나가 《증국번가서曾国藩家书》이다."라고 했다. 이 저서는 증국번 일생의 주요 활동과 그가 정치에 참여하는 법, 집안을 다스리는 법, 학문을 닦는 법, 군대를 다스리는 법 등의 주요 사상을 기술하고 있어 후세 사람들이 증국번 사상을 연구하는 데 귀중한 자료로 사용되고 있다.

曾国藩《曾国藩家书》

曾国藩早年致力学问，其学术研究从历史、古文到书法、理学以及各种典章制度。他渴望多做学问，与当朝大学问家梅曾亮、何绍基等名士媲美，但他最终没有成为一位著述丰富的大学者，主要原因是他还来不及著书立说，就已升至二品高官，从此忙于官场之争，再后来投身于戎马征战之中，使他不可能固守书苑，一心研究学问。当代著名学者南怀瑾在《论语别裁》中说："清代中兴名臣曾国藩有十三套学问，流传下来的有两套，其中之一就是《曾国藩家书》。"它记述了曾国藩一生的主要活动和他从政、治家、治学、治军的主要思想，是后人研究曾国藩思想的宝贵资料。

（摘自：朱佳思《曾国藩家书创作背景》）

苦心孤诣
kǔ xīn gū yì

📖 한자풀이

苦 : 쓸 고   心 : 마음 심   孤 : 외로울 고   诣* : 이를 예

📖 뜻풀이

심혈을 기울여서 연구(경영)하여 훌륭한 경지에 이르다. 어떤 일을 열심히 하여 남들이 오르지 못한 경지까지 오른 것을 의미한다. 또 문제를 해결할 방법을 찾기 위해 매우 고심하며 노력한다는 의미이다.

사진출처 : 百度网

📖 출전

청淸 · 옹방강翁方纲 《복초재문집复初斋文集 · 격조논하格调论下》에서 "지금 의술가의 독자적인 생각으로 말하지 말고, 또 심혈을 기울었다고 하여 높은 경지에 이르렀다고도 하지 말라. 그리고 옛 것을 본떠 격식을 모방

---

* 고예孤诣 : 경지에 이르다. 남들이 미치지 못하는 연구나 경영에도 심혈을 기울인다. 한 사람이 어떤 업종에서의 학업 · 기술 등이 달성된 수준을 가리킨다.

한 자의 말도 하지 말라."라고 하였다.

清·翁方纲《复初斋文集·格调论下》："今且勿以意匠之独运者言之，且勿以苦心孤诣戛戛独造者言之，公且以效古之作若规仿格调者言之。"

第三章 人际社交
교류

明哲保身
míng zhé bǎo shēn

🏛 한자풀이

明 : 밝을 명　哲* : 밝을 철　保 : 지킬 보　身** : 몸 신

🏛 뜻풀이

　명철보신明哲保身하다.　옛날에 현명한 사람은 자신에게 위험을 가져올 수 있는 일에는 참여치 않는 것을 뜻했다. 지금은 잘못이나 자신의 이익에 손해될 것이 두려워 근본적인 문제에 가부可否를 표시하지 않는 태도를 가리킨다.

사진출처 : 百度网

---

* 　명철明哲 : 현명하고, 처세술이 주도면밀하다.
** 보신保身 : 자신의 몸을 보전하고 보호한다.

　주周나라 선왕宣王이 재위하는 기간에 윤길보尹吉甫와 중산보仲山甫가 있었는데 그들은 선왕을 보좌하여 큰 공로를 세웠다. 윤길보의 이름은 갑甲이고 자는 백길부伯吉父(일명 보甫)이며 윤尹은 관명官名이다. 그는 병사들을 이끌고 서북쪽 평우족评优族의 공격을 물리쳤으며 성주成周(오늘의 하남河南 낙양동洛阳东) 일대에서 남쪽 회이족淮夷族 등의 공납을 징수하라는 명을 받기도 했다. 또 중산보는 성품이 곧아 사람들의 존경을 받았다.

　당시 노魯나라의 제후인 노무공은 두 아들이 있었는데, 큰아들은 희괄姬括이고 작은아들은 희희姬戏였다. 주周나라 선왕宣王은 갑자기 독단적으로 작은아들 희희를 노나라 태자로 세웠다. 장자를 폐위하고 어린 아이를 태자로 세우는 것은 당시의 규칙에도 어긋났으므로 내부의 불만과 혼란을 일으키기 충분했다. 중산도 반대하고 충고하며 제지하였으나 주선왕은 듣지 않고 계속 태자로 세웠다. 그 후에 희희는 왕위를 이어받아 의공이 되었으나, 노나라 사람들이 결국 불복하여 얼마 지나지 않아 노의공을 죽였다.

　선왕은 서북 지역 각 부족의 진공을 방어하기 위해 중산보에게 제나라에 가서 성을 쌓으라고 명령하였다. 이때 윤길보는 시 한 수를 써서 중산보에게 보냈는데, 이 시는 중산보의 품성과 재능을 찬미하는 내용이었다. 이는《시경诗经·대아大雅》의《증민烝民》편으로 여덟 장으로 구성되어 있다.

　제1장에서 "하늘은 백성을 낳으시고, 모든 사물은 법칙이 있도록 하시었다. 백성은 일정한 도를 지니고 아름다운 덕을 좋아한다. 하늘은 주 왕조를 살피시고 아래로 덕을 베풀었다. 주나라 천자를 보우하였고 중산보를 낳으셨다."고 하였다. 시의 대략적인 의미는 하늘에서 많은 백성을 보내주시고 모든 것에는 법칙이 있으며 많은 백성들은 대부분 바른 품성을 좋아한다. 하늘이 주나라를 지켜보고 있어 진심을 다해 기도하였더니 이

천자를 보우하기 위하여 특별히 중산보를 여기로 보내주셨다는 것이다.

제4장에서 "엄숙하신 임금의 명을 중산보가 모두 다 맡고, 나라의 정치가 잘 되고 안됨을 중산보는 훤히 알고 있다. 밝지만 어질게 그 몸을 보전하고 밤낮으로 꾸준하게 임금 한 분만 섬기고 있다."라고 하였다. 이 구절은 중산보의 충절을 찬미한 부분이며, 중산보는 엄숙한 왕의 명령을 온 힘을 다해 따랐고, 국내의 정사의 상황을 잘 알고 있었다. 또 총명하고 지혜로워 사리에 밝았다. 그 고상한 풍채와 절개는 오래도록 이어졌다. 밤낮으로 힘을 다해 일하여도 태만하지 않고 성심성의껏 주왕을 보좌하였다는 것을 의미한다.

전체 시의 마지막 네 구절은 "길보가 노래를 지었는데, 조화됨이 맑은 바람 같아라. 중산보는 언제나 이 노래를 생각하니 그 마음을 위로하리라."라고 하였다. 이 구절은 길보가 오랜 친구인 중산보에게 지은 노래로 그 노래는 마치 바람과 같았고 중산보가 떠나기 전에 사람들이 밀물처럼 밀려와서 마음을 위로했다고 한다. (선왕의 명령을 받고 제나라에 성을 쌓으러 떠나는 중산보가 왕명을 완수하고 무사히 기원하는 길보의 마음이 담긴 구절이다.)

西周国王周宣王在位的时候, 朝廷有两位大臣, 一位叫尹吉甫, 一位叫仲山甫, 他们辅佐周宣王, 立下了汗马功劳。尹吉甫曾领兵打退过西北方评优族的进攻, 还曾奉命在成周(今河南洛阳东)一带征收南淮夷等族的贡赋。仲山甫很有见识, 敢于直谏, 很受官员们的敬重。

当时, 鲁国诸侯鲁武公有两个儿子, 大儿子叫姬括, 小儿子叫姬戏。周宣王武断地立戏为鲁国太子。这种废长立幼的做法容易酿成内部的动乱。仲山极力谏阻, 周宣王不听, 坚持立戏为太子, 后来戏继位为懿公, 鲁国人果然不服, 不久就杀了鲁懿公。

周宣王为了抵御西北各部族的进攻, 命令仲山甫到齐国去筑城。这时，尹吉甫写了一首诗送给仲山甫，诗中赞美一仲山甫的品德和才能，同时也歌颂了周宣王任贤使能，使周朝得以兴盛。这首诗就是《诗经·大雅》里的《烝民》，一共有八章。

第一章："天生烝民，有物有则。民之秉彝，好是懿德。天监有周，昭假于下。保兹天子，生仲山甫。"

译文：老天生下众生灵，万事万物有法则。芸芸众生有常情，大家都爱好品德。上天看到我周朝，真心诚意在祈祷。为了保佑这天子，特意生下仲山甫。

第四章："肃肃王命，仲山甫将之。邦国若否，仲山甫明之。既明且哲，以保其身。夙夜匪解，以事一人。"

译文：天子之命很严肃，山甫奉命就启程。国家社会好和坏，山甫眼里看得清。聪明智慧懂事理，高风亮节万年长。昼夜操劳不懈怠，竭诚辅佐我周王。

全诗结尾四句："吉甫作诵，穆如清风。仲山甫永怀，以慰其心。"

译文：吉甫作歌赠好友，您的方法像和风。山甫临别潮涌，安慰征人情意。

遇人不淑
yù rén bù shū

한자풀이

遇 : 만날 우　人 : 사람 인　不 : 아닐 부　淑* : 맑을 숙

뜻풀이

여자가 시집을 잘못 가다. 자신에게 맞는 짝을 만나지 못했다는 의미도
있다.

사진출처 : 百度网

출전

《시경·왕풍·중곡유퇴》에서 "한 여인이 이별하고 돌아와 슬픈 소리로
탄식한다. 슬픈 소리로 탄식함은 사람을 만남이 어려워서라."라고 하였다.

《诗经·王风·中谷有蓷》: "有女仳离，条其啸矣。条其啸矣，遇人之
不淑矣。"

---

* 淑숙 : 선량하다, 아름답다.

중국 최초의 시가의 총집인 《시경诗经》에는 여인의 힘든 생활을 그린 시가 있다. 내용으로는 "여자가 누군가를 진정으로 알아가는 것은 쉬운 일이 아니다. 만약 여인이 시집을 잘못 가게 되면 생활은 불행해지고, 결국 남편에게 버림받게 된다. 그녀는 오로지 고통스러운 탄식을 하며 스스로 몹쓸 남자에게 잘못 시집을 갔다고 괴로워할 수밖에 없다."라고 하였다.

我国最早的诗歌总集《诗经》里面就对女人的艰苦生活进行了描写，诗里写到女人要真正了解一个人是很不容易的，如果错嫁一个负心人，生活就不会幸福，直到最后被丈夫遗弃，她只有痛苦地叹息自己遇人不淑。

相敬如宾
xiāng jìng rú bīn

한자풀이

相 : 서로 상　敬 : 공경 경　如 : 같을 여　宾 : 손 빈

뜻풀이

　부부가 서로 존중하며 마치 손님을 대하듯이 함께 존경하는 것을 의미
한다.

사진출처 : 百度网

역사유래

　춘추春秋시대, 진晉나라에 기결冀缺라는 사람이 있었는데, 그의 아버지
의 죄로 인해 그도 평민으로 좌천되었다.

　그러나 기결은 하늘 탓도 남탓도 하지 않았다. 부지런히 농사를 지었으
며 책 읽는 것과 마음을 수양하는 것 또한 잊지 않았다. 기결의 아내는

매우 어질고 총명해서, 기결이 일할 때는 방해하지 않으며 항상 집에서 밥을 지어 밭까지 가져다주었다.

기결의 아내는 남편에게 밥을 가져다줄 때 밥그릇을 머리 위로 높이 올리며 남편한테 공손하게 주었다. 마치 귀중한 손님을 접대하듯이 대하였다.

기결도 마찬가지로 아내에게 예의를 갖추어 답례하며 공경하는 모습으로 밥그릇을 건네주었다.

진晋나라 대부 구계臼季는 기결 부부가 서로 손님을 대하듯이 존경하는 것을 보고 감동하고 칭찬하면서 말했다. "부부가 서로 이렇게 존중하고 사랑할 수 있다면 진짜로 덕이 있는 사람들이다. 만약에 이러한 사람이 진나라를 다스리고 보좌한다면 나라가 반드시 흥망성쇠 할 것이다."라고 생각하였다.

그 후 기결은 그의 추천으로 진나라를 위해 공적을 쌓았다.

春秋时期,有一个晋国人名叫冀缺,他的父亲犯下罪行被杀,他也被贬为平民。

但冀缺并没有抱怨,他不仅勤劳务农,还不忘读书修身。冀缺妻子非常贤惠,每次都做好饭送到田里去,就为了不耽误冀缺干农活。

冀缺的妻子给丈夫送饭时,将饭碗高举过头顶,恭敬地递给丈夫,像对待一个尊贵的客人一样。

冀缺也以同样的礼节回敬妻子,恭敬地接过饭碗。

晋国大夫臼季看到冀缺夫妇相敬如宾的这一幕,非常感动,赞美他们说:"夫妻之间能够如此敬重恩爱,真是有德之人!假如有这样的人来辅佐治理晋国,国家肯定会兴旺不衰的。"

后来,冀缺经过他的引荐做官,为晋国立下功劳。

患得患失
huàn dé huàn shī

🏮 한자풀이

患 : 근심 환　得 : 얻을 득　失 : 잃을 실

🏮 뜻풀이

이익이나 지위를 얻기 전에는 얻으려고 걱정하고 얻은 뒤에는 잃을까봐 노심초사한다. 즉, 개인의 이해득실에 지나치게 얽매이고 따진다는 의미이다.

🏮 역사유래

사진출처 : 百度网

《논어论语·양화阳货》편에서 공자께서 말씀하시기를, "성품이 낮은 사람과 어떻게 함께 임금을 섬길 수 있겠는가! 벼슬을 얻지 못하면 어떻게든 벼슬을 얻기 위해 근심 걱정하고, 벼슬을 얻으면 잃을까봐 근심 걱정하나니 진실로 지위를 잃어버릴까봐 걱정하게 되면 못할 짓이 없다."고 하셨다.

공자는 이 장에서 관리가 되고 싶어 하는 사람들을 성품이 낮은 사람이라고 했는데 이런 사람들은 관직을 얻기 전에는 얻고자 근심하고, 이미 관직을 얻은 후에는 그것을 잃을까봐 두려워한다. 때문에 그 자리를 지키기 위해 못하는 짓이 없게 된다. 나아가서는 무리에게 해를 끼치고, 다른 사람을 해치는 것도 꺼리지 않는 것을 의미한다.

《论语·阳货》

子曰：“鄙夫可与事君也与哉？其余得之也；患得之。既得之；患失之。苟患失之；无所不至矣。”

译文：

孔子说：“可以跟品质低下的人一起侍奉君主吗？当他没有得到的时候，忧患不能得到；当他得到以后，又忧患失去。如果忧患失去，那就没有什么事情做不出来了。”

简析：

孔子在本章里十分排斥那些一心想当官的人，这种人在没有得到官位时总担心得不到，一旦得到又怕失去。这种人会不择手段去做任何事情，以至于不惜危害群体，危害他人。

🏛 보충

《논어论语》는 유가학파의 고전 저서의 하나로서 공자孔子의 제자들과 후대의 제자들이 새롭게 편찬한 것이다. 어록체와 대화체를 위주로 공자와 그 제자의 언행을 기록하였고 공자의 정치적 주장, 논리 사상, 도덕 관념 및 교육 원칙 등을 집중적으로 구현하였다. 《대학大学》,《중용中庸》, 《맹자孟子》,《시경诗经》,《상서尚书》,《예기礼记》,《역경易经》,《춘추春秋》와 함께 사서오경四书五经으로 불린다. 일반적으로 널리 알려진 《논어论语》는 모두 20편으로 구성되어 있다.

《论语》是儒家学派的经典著作之一，由孔子的弟子及其再传弟子编撰而成。它以语录体和对话文体为主，记录了孔子及其弟子言行，集中体现了孔子的政治主张、论理思想、道德观念及教育原则等。与《大学》、《中庸》、《孟子》、《诗经》、《尚书》、《礼记》、《易经》、《春秋》并称“四书五经”。通行本《论语》共二十篇。

买椟还珠
mǎi dú huán zhū

한자풀이

买 : 살 매 椟 : 함 독 还 : 돌아올 환 珠 : 구슬 주

뜻풀이

　쓸모없는 일에 현혹되어 일을 그르치다. 진주를 담는 나무 상자를 사서 진주를 돌려준다는 의미이다. 안목이 없고, 잘못된 선택을 한다는 의미이다.

사진출처 : 百度网

역사유래

　전국시대战国 한韩나라 한비韩非의 《한비자외저설좌상韩非子外储说左上》에 의하면, 어느 초楚나라 사람이 자신이 가진 아름다운 진주를 팔러 정郑나라로 갔다. 비싼 값을 받기 위해 진주를 잘 포장하려 애썼고, 고급스럽게 포장하면 진주의 가치가 높아진다고 믿었다.

이 초나라 사람은 유명하고 진귀한 목란을 찾았고 그것을 손재주가 뛰어난 장인에게 청하여 목란으로 상자를 만들었다. 먼저 계초 향료로 상자에 향기를 내고, 상자의 겉에는 옥구슬과 옥 조각을 붙여 장식하여 유명하고 귀한 붉은 보석상자가 되었다. 또한 물총새의 깃털로 마지막을 장식해 매우 정교하고 아름다운 공예품이 되었다.

초나라 사람은 이렇게 만든 상자 안에 진주를 조심스레 넣어 시장에 내다 팔고자 했다. 얼마 되지 않아 많은 사람들이 그의 상자를 감상하기 위해서 둘러쌌다. 정鄭나라의 어떤 사람이 상자를 한나절 동안 손에 들고 보면서 놓지 못하다가, 끝내 비싼 값으로 그의 상자를 샀다. 정나라 사람은 돈을 낸 후 상자를 가지고 갔다. 그러나 몇 발자국 가지 않아 다시 돌아왔다. 초나라 사람은 그가 산 물건을 후회하여 돌아오는 줄 알았는데, 어느새 정나라 사람은 이미 초나라 사람 앞에 도착해 상자를 열어 안에 있는 진주를 건네주면서 말했다. "당신은 상자 안에 있는 진주를 빼는 것을 잊으셨나 봅니다." 이후 진주를 초나라 사람에게 넘겨 준 후 고개 숙여 나무 상자를 감상하면서 되돌아갔다.

초나라 사람은 돌려받은 진주를 들고 한동안 머쓱하게 서 있었다. 그는 정나라 사람이 자신의 진주를 감상한 것인 줄 알았으나, 아름다운 겉포장이 속에 있는 물건의 가치를 넘어설 줄은 생각하지 못하였다. 그 이후로 '진주를 담는 나무 상자를 사서 진주를 돌려준다'는 의미로 사용되었다. 그 초나라 사람은 웃지도 울지도 못하는 상황이 되었다.

战国·韩·韩非《韩非子外储说左上》："楚人有卖其珠于郑者，为木兰之柜，薰以桂椒，缀以珠玉，饰以玫瑰，辑以羽翠，郑人买其椟而还其珠。"

成语典故：

一个楚国人，他有一颗漂亮的珍珠，他打算把这颗珍珠卖出去。为了卖个好价钱，他便动脑筋要将珍珠好好包装一下，他觉得有了高贵的包装，那么珍珠的"身份"就自然会高起来。

这个楚国人找来名贵的木兰，又请来手艺高超的匠人，为珍珠做了一个盒子(即椟)，先用桂椒香料把盒子熏得香气扑鼻。然后，在盒子的外面点缀上玉珠和玉片，装饰上名贵的红色宝石，再填上翠鸟的羽毛，看上去，珠光宝气，精美无比，实在是一件精致美观的工艺品。

这样，楚人将珍珠小心翼翼地放进盒子里，拿到市场上去卖。

到市场上不久，很多人都围上来欣赏楚人的盒子。一个郑国人将盒子拿在手里看了半天，爱不释手，终于出高价将楚人的盒子买了下来。郑人交过钱后，便拿着盒子往回走。可是没走几步他又回来了。楚人以为郑人后悔了要退货，没等楚人想完，郑人已走到楚人跟前。只见郑人将打开的盒子里的珍珠取出来交给楚人说："先生，您将一颗珍珠忘放在盒子里了，我特意回来还珠子的。"于是郑人将珍珠交给了楚人，然后低着头一边欣赏着木盒子，一边往回走去。

楚人拿着被退回的珍珠，十分尴尬地站在那里。他原本以为别人会欣赏他的珍珠，可是没想到精美的外包装超过了包装盒内的价值，以致于"喧宾夺主"，令楚人哭笑不得。

(摘自：金安《中国寓言故事》)

🏯 **보충**

"쓸모없는 데 현혹되어 일을 그르치다"에서 인용된 글

1. 사람의 눈은 오직 그 정교하고 아름다운 상자만을 바라보고 있었고, 결과적으로 진주의 가치는 없어졌다. 무슨 일을 하든 주된 것과 부차적인 것을 분명하게 가려야 한다. 그렇지 않으면 쓸모없는 것에 현혹되어 일을 그르친 정나라 사람처럼 근본을 버리고 지엽적인 것을 추구하는 어리석은 선택을 저지르게 될 것이다.

2. 초나라 사람이 지나치게 외관에 신경을 많이 쓴 나머지 외관의 가치가 진주의 가치보다 높게 평가되었다. 일부 제조업체가 이익을 얻기 위하여 겉치장에만 너무 중시하였다. 그래서 본 상품의 가치보다 높게 평가되어 오히려 팔려고 하는 상품이 팔리지 않는다는 것을 표현한다.

3. 요즘은 원가보다 훨씬 더 많은 이익을 봤다는 뜻으로 쓰기도 하는데, 판매자는 상자로 진주를 얻었다는 것이다.

4. 아름다움도 만들 수 있다. 그러나 진정한 아름다움은 조금도 인위적일 필요 없다. 그것은 비옥한 땅에서 만개한 꽃과 같다. 만약 어떤 사물이 진정으로 아름답다면 그것은 다른 사물에 의해 두드러지는 것이 아니다.

5. 외모에 너무 치중하지 말아라. 그래도 마음이 가장 중요한 것이다.

买椟还珠的引申义

1. 人的眼睛只盯着那只精美的盒子，结果却丢掉了真正有价值的宝珠。可见，做什么事情都要分清主次，否则就会象这位"买椟还珠"的郑人那样做出舍本逐末、取舍不当的傻事来。

2. 商人过份注重外表，使装饰外表的价值高于珠子的价值。可以用来形容一些厂商为了获得利益，过份装饰外表，使得外表包装的价值高于商品的价值，反而使想要出售的商品卖不出去。

3. 现代还用作比喻花很低的资本取得了更大的回报，卖椟的人用一个"椟"得到了"珠"。

4. 美丽是可以营造的，但真正的美丽却不应有丝毫的人工雕琢，它应是真实的沃土中盛开的鲜花。如果一个事物真正美丽，那么他是不需要任何外界的帮助来衬托他的。

5. 不要太注重外表，本质才是最重要的。

尔虞我诈
ěr yú wǒ zhà

한자풀이
尔 : 너 이　虞 : 염려할 우　我 : 나 아　诈 : 속일 사

뜻풀이
　서로 속고 속이다. 서로 믿지 못하고, 속인다는 의미이다. 주로 부정적
인 의미로 쓰인다.

사진출처 : 百度网

역사유래
　초楚나라 장왕庄王이 신주申舟를 제齐나라 사신으로 파견하며 말씀하시
기를, "송宋나라로부터 길을 빌리지 말라(송나라를 지나갈 때 절대로 송
나라에 알리지 말라)."라고 하였다. 동시에 초장왕楚庄王은 또 공자公子
풍冯을 진晋나라 사신으로 파견하여 방문하도록 하고 그에게도 정郑나라
로부터 길을 빌리지 못하게 하였다. 신주申舟는 그렇게 하면 반드시 송宋

나라의 노여움을 사서 그 일로 죽임을 당하게 될지도 모른다고 말하였다. 초楚나라 왕이 대답했다. "만약에 네가 송宋나라에 의해 죽임을 당한다면 나는 병사를 보내어 송나라를 공격하여 복수를 해 줄 것이다."라고 하였다. 신주는 아들 신서申犀를 초楚나라 왕에게 맡기고 출발하였다.

신주는 송宋나라를 지나가면서도 알리지 않아 결국 붙잡히고 말았다. 송宋나라의 대신인 화원華元은 "우리나라를 지나면서 빌리지 않는 것은 우리 땅을 초楚나라의 속국으로 여기는 것입니다. 우리나라를 속국으로 간주한다는 것은 결국 나라를 멸망시킬지도 모른다는 것입니다. 초楚나라의 사신을 죽이면 반드시 우리를 공격할 것은 분명하지만 결국 나라도 멸망할 것입니다. 그러니 속국으로 취급당해 멸망하는 것보다 오히려 먼저 신주를 죽여 버리는 것이 낫습니다!"라고 하였다. 그러고는 신주를 죽였다. 신주가 피살 되었다는 소식을 들은 초장왕은 소매를 걷어차고 일어나 밖으로 뛰쳐나갔다. 보위대들은 궁전 통로까지 와서야 뛰쳐나간 왕을 따라 잡아 겨우 초장왕에게 신발을 신겼다. 그는 궁전 문 밖까지 뛰쳐나가 검을 차고서는 포서蒲胥 거리까지 뛰어간 후에야 마차에 올랐다. 그해 가을 9월에 초장왕은 군대를 파견하여 송宋나라를 포위하였다.

楚庄王派申舟到齐国访问, 说 : "不要向宋国借路。"同时, 楚庄王又派公子冯到晋国访问, 也不让公子冯向郑国借路。申舟因为在孟诸打猎时得罪了宋国, 就对楚庄王说 : "郑国是明白的, 宋国是糊涂的 ; 去晋国的使者不会受害, 而我却定会被杀。"楚王说 : "要是杀了你, 我就攻打宋国。"申舟把儿子申犀托付给楚王后就出发了。

申舟到了宋国, 宋国就把他扣留了。宋国执政大臣华元说 : "经过我国而不向我们借路, 这是把我们的国土当成了楚国的边邑。把我国当成楚国的边邑, 就是亡国。杀了楚国的使臣, 楚国一定会攻打我们。攻打我们也是亡国, 反正都是一样亡国。"于是便杀了申舟。楚庄王听到申舟被杀的消息，一甩袖子就站起身来往外跑，随从人员追到寝宫甬道上才追上他让他穿上鞋子，追到寝宫门外才让他佩上剑，追到蒲胥街市才让他坐上车子。这年秋天九月，楚庄王派兵包围了宋国。

(摘自：方水清等,《国学经典导读》)

沽名钓誉
gū míng diào yù

한자풀이

沽* : 팔 고　名 : 이름 명　钓** : 낚을 조　誉 : 명예 예

뜻풀이

　온갖 수단과 방법을 써서 명예를 추구하려한다. 정당하지 못한 수단으로 명예를 탐내다.

사진출처 : 百度网

출전

　《관자管子 · 법법法法》에서 "명예를 얻으려 쫓는 자들 중에는 현인賢士이 없다."라고 하였다.

　《후한서后汉书 · 일민전서逸民传序》에서 "그는 옹졸하고, 수단을 가리지 않으며 명예를 탐내는 사람이다."라고 하였다.

《管子·法法》："钓名之人，无贤士焉。"

《后汉书·逸民传序》："彼虽硁硁有类沽名者。"

🏛 보충

역사상 온갖 수단을 부려 명예를 추구한 사건.

1. 수양제 양광隋炀帝杨广은 태자가 되기 전 문제文帝 앞에서 겸손과 공경함을 보여주었다. 어렵고 고달픈 시련을 참고 견디며 검소한 생활을 하였다(간고박소艰苦朴素). 황제가 된 후에는 사치가 극에 도달하여 천하가 혼란에 빠지고 백성들은 생활고를 겪었다. 결국 불의의 재난을 면할 수 없었다. 성군 문제文帝 양견杨坚이 중국을 재통일하여 건국한 수나라는 아들의 손에 의해 망했다.

2. 오기吴起(전국시대 정치가, 군사전략가이며, 공자孔子 제자의 제자이다.)는 역사적으로 손무孙武와 함께 이름을 떨쳤다. 두 사람을 '손오孙吴'라고 칭한다. 둘이 함께 나라의 정치와 군사적 공적功绩을 논하며 한층 더 뛰어난 사람이 되었다.

오기吴起는 평생 관료가 되어 자신의 이름을 널리 드러내는 것을 좋아했다. 하물며 아내를 죽여서라도 장수가 되기를 원하였는데 그것은 단지 노목공鲁穆公에게 자신이 절대로 제齐나라와 사통하지 않았다는 것을 보여주기 위함이었다. 금으로 관직을 얻으며 노모가 병으로 세상을 떠나도 귀국하지 않고, 자신의 손으로 아내를 죽여 충정을 표시한 것은 오기吴起 인생에서 가장 큰 오점이다.

历史上的沽名钓誉

1. 隋炀帝杨广。做太子之前在文帝面前谦虚恭敬，艰苦朴素。当了皇帝之后马上穷奢极欲，弄得天下打乱，民不聊生。最后终不免轵道之灾。杨坚打下的大隋江山，断送于竖子之手。

2. 吴起，历史上他和孙武齐名，两人并称孙吴。论文治武功，吴起更胜一筹。吴起一生不羁爱功名，杀妻求将，只为向鲁穆公以此表明他绝不私通齐国。散金求官，母丧不归，杀妻求将是吴起一生最大的污点。

肝胆相照
gān dǎn xiāng zhào

📖 한자풀이

肝 : 간 간　胆* : 쓸개 담　相 : 서로 상　照 : 비칠 조

📖 뜻풀이

간과 쓸개를 서로 비추다. 서로 진심을 터놓고 대하다. 친구 사이에서 서로 진심을 터놓고 지내는 진정한 우정을 의미한다.

사진출처 : 百度网

📖 출전

송宋 호태초胡太初의 《주렴서론昼帘绪论·요채僚寀》에서 "오늘 도착한 날부터 반드시 동료僚寀(함께 관직을 한 동료라는 의미)들을 인솔하여 업무상의 소홀한 부분이나 공익에 손해를 끼치는 일을 두루 서술하였고, 꾸밈없이 진실로 서로의 마음을 비추어야 한다."라고 했다.

《아녀영웅전儿女英雄传》 제16회에서 "우리 두 사람은 만나서 마음이 맞

---

* 간담肝胆 : 간과 쓸개.

아 서로 진심을 터놓고 지낸다."라고 했다.

《사기史记·회음후열전淮阴侯列传》에서 "신은 마음 속 깊은 곳을 펼쳐 보여 진실된 마음을 바치고자 합니다. 설사 그 어리석은 계략이 효과가 있다 한들 쓰이지 못할 것입니다."라고 하였다.

문천상文天祥의 《여진찰원문용서与陈察院文龙书》에서 "지기를 믿어 서로 진심을 터놓고 대하며 책을 가까이하는 것을 꺼리지 않는다."고 하였다.

요설은姚雪垠의 《이자성李自成》 제2권 18장에서 "동생과 도련님은 서로 진심으로 마음을 터놓고 지내며, 서로의 마음을 잘 알고 있습니다. 그리하여 이러한 상황을 사실대로 알려드립니다."라고 하였다.

청清·저인획褚人获의 《수당연의隋唐演义》 제37회에서 "호걸이 호걸과 만나 자연스레 말을 하더니 이내 서로의 진심이 통했다."라고 하였다.

宋·胡太初《昼帘绪论·僚寀》: "今始至之日, 必延见僚寀, 历述弊端, 令悃愊无华, 肝胆相照。"

《儿女英雄传》第16回: "我两个一见, 气味相投, 肝胆相照。"

《史记·淮阴侯列传》: "臣愿披腹心, 输肝胆, 效愚计, 恐足下不能用也。"

文天祥《与陈察院文龙书》: "所恃知己, 肝胆相照, 临书不惮倾倒。"

姚雪垠《李自成》第二卷第十八章: "弟与公子以肝胆相照, 互相知心, 故敢以实言相告。"

清·褚人获《隋唐演义》第三十七回: "豪杰遇豪杰, 自然话得投机, 顷刻间肝胆相向。"

咄咄逼人
duō duō bī rén

한자풀이

咄 : 꾸짖을 돌   逼 : 핍박할 핍   人 : 사람 인

뜻풀이

기세가 등등하다. 화가 나서 기세가 사납다. 매
우 거만스럽다. 타인을 난처하게 한다. 화가 나서
다른 사람에게 스트레스를 준다 등을 의미한다.

출전

《세설신어世说新语 · 배조排调》에서 (환현桓玄, 은중감殷仲堪, 고개지顾恺
之 같은 고관들이 어울리며 우스갯소리를 나누고 있는데) 참군参军이라는
낮은 벼슬인 어느 사나이가 말하기를, "장님이 애꾸눈 말을 타고 한밤중
에 깊은 못가에 이른다."라고 하였다. 은중감殷仲堪이 말하기를, "기세등
등한 은중감 때문일 것이다."라고 하였다.

《世说新语 · 排调》: "殷有一参军在座, 云 : '盲人骑瞎马, 夜半临深
池。'殷曰 : '咄咄逼人。'仲堪眇目故也。"

역사유래

동진东晋 문학가 고개지顾恺之(약 345-406)는 은중감殷仲堪(? -399) 집의
손님으로 가게 되었고 환온桓温의 아들 환현桓玄도 함께 있었다. 세 사람

이 모여 우스갯소리를 나누다가 무엇이 이 세상에서 가장 위험한 상황인 가에 대해서 한마디씩 하기로 했다. 환현은 "창끝으로 쌀을 일어 칼로 불을 때서 밥을 짓는 것이다."라고 하였다. 은중감은 "100세 노인이 마른 나뭇가지에 오르는 것이다."라고 하였다. 마지막에 고개지가 "우물의 용두레 위에 어린 아기가 누워있는 것이다."라고 하자, 은중감 부하인 참군이라는 낮은 벼슬을 하고 있는 사나이가 "장님이 애꾸눈 말을 타고 한밤중에 깊은 못가에 이르는 것입니다."라고 하였다. 사실은 마침 눈을 다쳐 한쪽 눈으로만 사물을 보고 있는 은중감을 풍자한 것이었다. 이 소리를 들은 은중감은 조금도 서운해 하지 않고 맞장구를 치며 그 참군은 참으로 기세등등하다咄咄逼人라고 말한 것에서 유래되었다.

东晋文学家顾恺之到殷仲堪家中做客，桓温的儿子桓玄也在，三个人高兴地玩文字游戏，他们就"危"字讨论了起来。桓玄说："矛头淅米剑头炊"。殷仲堪说道："百岁老翁攀枯枝"。顾恺之说："井上辘轳卧婴儿"。正好当时殷仲堪的一名部下参军也在场，插嘴说道："盲人骑瞎马，夜半临深池"。因为殷仲堪正好有一只眼睛是瞎的，听了之后觉得感同身受，说道：确实是情势逼人啊。

🏛 보충

돌돌핍인咄咄逼人은 다음과 같이 두 가지로 해석한다.

1. 화가 나서 기세가 사나워 사람들이 두려워하다.

송宋·주희朱熹의《답방빈생서答方宾生书》에서 당시의 여론이 기세등등하고, 정세가 빠르게 변하여 모든 이익과 손해는 말할 가치조차 없다.

청淸·조익赵翼의《서성문제여점벽舒城题旅店壁》시에서 뭇 사람들이 서로서로 의지하여 기세가 등등하면 어찌하여 가깝지 않다고 느끼겠습니까?

2. 후손이 선인을 앞선다는 뜻으로 "젊은 세대는 쉽게 선배를 능가하므로 경외할 만하다. 후생가외后生可畏."와 같은 의미이다.

진晋·위삭卫铄《여삭매서与释某书》에서 "제자 중 한 명인 왕일소王逸少는(왕희지王羲之 : 중국 동진의 서예가) 진짜 책을 배울 수 있는 재능이 있으며, 기세가 등등하다."라고 하였다.

形容气势汹汹, 盛气凌人, 使人难堪, 也指形势发展迅速, 给人压力。主要有以下两种意思：

1. 气势汹汹, 使人惊惧。

宋·朱熹《答方宾生书》：时论咄咄逼人, 一身利害不足言。

清·赵翼《舒城题旅店壁》诗："舆夫驺卒纷肩摩, 咄咄逼人何太近？"

2. 指后人超过前人, 意思与"后生可畏"相同。

晋·卫铄《与释某书》："卫有一弟子王逸少, 甚能学卫真书, 咄咄逼人。"

口蜜腹剑
kǒu mì fù jiàn

한자풀이

口 : 입 구　蜜 : 꿀 밀　腹 : 배 복　剑 : 칼 검

뜻풀이

　말은 달콤하게 하면서 속으로는 늘 남을 해칠 생각만 한다. 입으로는 듣기 좋은 말을 해서 꿀처럼 달콤하지만 뱃속은 음해하려는 음모를 품고 있다는 의미이다.

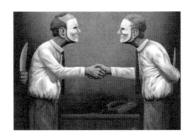

사진출처 : 百度网

출전

　송宋나라 사마광司马光의 《자치통감资治通鉴 · 당현종천보원년唐玄宗天宝元年》에 나오는 말이다. "사람 됨됨이가 겉과 속이 달라서 친한 듯이 보이지만 갖은 음모와 중상모략을 일삼아 특히 문학 선비들이 착한 척하며 친하게 지내다가 감언으로 남을 함정에 빠뜨리는 것을 금한다. 이임보李林甫의 입에는 꿀이 있고 배에는 칼이 있다고 했다."

宋·司马光《资治通鉴·唐玄宗天宝元年》: "尤忌文学之士, 或阳与之善, 啖以甘言而阴陷之。世谓李林甫'口有蜜, 腹有剑'。"

🏛 보충

이임보李林甫는 당현종唐玄宗 때 재상宰相의 직위인 '병부상서兵部尚书' 겸 '중서령中书令'이라는 관직에 있었다. 그는 예술적 재능도 뛰어나 글을 잘 쓰고 그림에도 능하였다. 그러나 그의 품성은 겉과 속이 달라 친한 듯 보이지만 온갖 음모와 중상모략을 일삼았고, 명망이 높아 권세와 지위가 본인과 비슷한 사람과는 수단과 방법을 가리지 않고 배척하였다.

그는 현종에게 아첨하는 능력만 있는 재상이었다. 그는 전력을 다해 현종의 곁에 있으려 하였고 또한 온갖 수법을 사용하여 현종이 총애하는 후비嫔妃나 심복태감心腹太监의 비위를 맞춰 그들의 환심과 지지를 얻음으로써 자신의 지위를 보존하였다.

이임보는 사람을 만나면 언제나 상냥한 외모와 부드러운 말투로 듣기 좋은 말만 한다. 하지만 실제로는 영리하고 교활하며 늘 남몰래 사람을 해하였다. 한번은 그는 진지한 척하며 동료 이적지李适之에게 말했다. "화산华山에는 대량의 금을 생산하는데, 이를 채굴하면 국부를 크게 늘릴 수 있는데 안타깝게도 황제는 아직 모른다네. 이적지는 이 말이 진실인 줄 알고 서둘러 현종께 빨리 채굴하라고 건의하였고 현종은 그 말을 듣고 기뻐하며 즉시 이임보를 불러 상의하였다. 이임보가 대답하기를, "이 일은 이미 알고 있었으나 화산华山은 제왕帝王 '풍수风水'가 집중된 곳인데 어떻게 마음대로 채굴할 수 있겠습니까? 만약 누군가 그곳을 채굴하라고 권한다면 아마 나쁜 마음을 품고 있는 것입니다. 이 사실을 몇 번이나 말씀 드리고자 했으나 차마 입을 열지 못했습니다."라고 했다.

현종은 이 말에 마음이 움직여 그를 진정 충성어린 신하로 여겼고, 오히려 이적지에게 불만을 품고 점차 멀리하게 되었다. 이임보는 이러한 능력으로 19년 동안 재상을 하였다. 후에 사마광司马光은 《자치통감资治通鉴》을 편집할 때 이임보를 평가하면서 그는 입으로는 달콤한 말을 하지만 마음 속에는 칼을 품는 사람으로서, 그의 실제 모습과 아주 부합되는 표현이라고 하였다.

李林甫，唐玄宗时官居"兵部尚书"兼"中书令"这是宰相的职位。此人若论才艺倒也不错，能书善画。但若论品德，那是坏透了。他忌才害人，凡才能比他强、声望比他高、权势地位和他差不多的人，他都不择手段地排斥打击。

对唐玄宗，他有一套谄媚奉承的本领。他竭力迁就玄宗，并且采用种种手法，讨好玄宗宠信的嫔妃以及心腹太监，取得他们的欢心和支持，以便保住自己的地位。李林甫和人接触时，外貌上总是露出一副和蔼可亲的样子，嘴里尽说些动听的"善意"话，但实际上，他的性格非常明险狡猾，常常暗中害人。例如有一次，他装做诚恳的样子对同僚李适之说："华山出产大量黄金，如果能够开采出来，就可大大增加国家的财富。可惜皇上还不知道。李适之以为这是真话，连忙跑去建议玄宗快点开采，玄宗一听很高兴，立刻把李林甫找来商议，李林甫却说："这件事我早知道了，华山是帝王'风水'集中的地方，怎么可以随便开采呢？别人劝您开采，恐怕是不怀好意；我几次想把这件事告诉您，只是不敢开口。"玄宗被他这番话所打动，认为他真是一位忠君爱国的臣子，反而对适之大不满意，逐渐将他疏远了。就这样，李林甫凭借这套特殊"本领"，他一直做了十九年宰相。后来，司马光在编《资治通鉴》时评价李林甫，指出他是个口蜜腹剑的人，这是很符合实际的。

(摘自：金波《〈三十六计〉的提醒》)

第四章 自然之道
이치

天网恢恢
tiān wǎng huī huī

🏛 **한자풀이**

天 : 하늘 천   网 : 그물 망   恢 : 넓을 회

🏛 **뜻풀이**

하늘은 관대한 듯 보이지만 죄인은 반드시 벌을 면치 못한다. 하늘의 법도는 마치 광대한 그물처럼 매우 넓어서 나쁜 짓을 한 자는 결국 하늘의 법망을 피할 수 없다는 뜻이다. 지금은 나쁜 짓을 하거나 법을 어기면 끝내 법의 제재를 벗어나기 어렵다는 것을 비유한다.

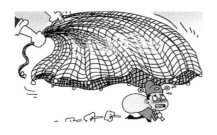

사진출처 : 百度网

노자老子《도덕경道德经》제73장에서 하늘이 공평하다는 뜻이니, 악을 행하면 벌을 받아야 한다고 하였다.

또 과감한 용기는 죽음을 담보로 삼고, 과감하지 않는 용기는 삶을 기준으로 삼은 것이다. 이 두 가지 용기는 때로는 이롭기도 하고, 때로는 해롭기도 하다. 하지만 하늘이 나쁘다는 것에 대해 누가 그 까닭을 알겠는가? 이는 성인聖人조차도 그것을 어렵게 여긴다. 하늘의 도道는 겨루지 않아도 저절로 이기며, 말하지 않아도 저절로 답이 나오고, 부르지 않아도 스스로 오니 느슨하면서도 자연스럽게 도모하게 되는 것이다. 그러므로 하늘의 그물은 넓고도 넓어서 엉성해 보이지만 절대 빠뜨리고 놓치는 법이 없다.

老子《道德经》第七十三章：天网恢恢，疏而不失。

勇于敢则杀，勇于不敢则活。此两者，或利或害。天之所恶，孰知其故？是以圣人犹难之。天之道，不争而善胜，不应而善应，不召而自来，繟然而善谋。天网恢恢，疏而不失。

敢于违背客观规律而蛮干的，必定会遭到客观规律的惩罚;勇于排除干扰，决不逆客观规律而行的，生存和发展的希望必定会增加。这两种勇的结果，有的得利，有的受害。天所厌恶的，谁知道是什么缘故？有道的圣人也难以解说明白。自然的规律是，不斗争而善于取胜;不言语而善于应承;不召唤而自动到来，坦然而善于安排筹划。自然的范围，宽广无边，虽然宽疏但并不漏失。

井底之蛙
jǐng dǐ zhī wā

한자풀이

井 : 우물 정 底 : 밑 저 之 : 갈 지 蛙 : 개구리 와

뜻풀이

우물 안 개구리. 우물 밑의 개구리는 우물 입
구만한 크기의 하늘만 볼 수 있다. 견문이 좁은
사람을 비유한 것이다. 사람의 시야가 좁고 국한
되면 큰일을 해낼 수 없다는 의미이다.

사진출처 : 百度网

출전

《장자庄子·추수秋水》에서 "우물 속의 개구리에게 바다에 대해 말할 수
없는 것은 그가 좁은 곳에 얽매여 있기 때문이오."라고 하였다.

《庄子·秋水》 "井蛙不可以语于海者, 拘于虚也。"

역사유래

개구리 한 마리가 우물 안에 살고 있었다. 우물 안에서 즐겁게 이리저
리 뛰어다니고, 날이 더우면 우물 위아래로 수영하며 노는 것이 매우 즐
거웠다. 개구리는 '내가 이 우물 안의 주인이니 얼마나 자유로운가!'하고
생각했다. 그것에 즐거워하고 있을 때 갑자기 누군가가 개구리를 부르는
소리를 들었다. 고개를 들어 보니 우물 입구에서 바다거북이 한 마리가

머리로 우물의 반을 가리며 개구리에게 물었다. "개구리야, 바다를 본 적이 있니?" 개구리가 대답하기를, "바다가 내 우물보다 커요? 내 우물에 들어와 놀아보세요. 바다거북은 정말 우물에 들어가 보고 싶은 마음에 몸을 움직였으나, 그의 몸집이 너무 커서 왼쪽 다리는 아직 우물에 들어가지도 못했는데 오른쪽 다리의 무릎이 우물에 걸려버렸다. 바다거북은 우물 위에서 개구리에게 바다가 얼마나 크고, 얼마나 깊으며, 얼마나 넓은지 말해주었다. 개구리는 그제서야 우물 밖에 이렇게 큰 세상이 있다는 것을 알고 너무 놀라서 부끄러워했으며 자기의 식견이 너무나 보잘 것 없다는 것을 깨달았다.

成语典故：

有一只青蛙，住在一口井里。它高兴的时候在井里跳来跳去，天热了，就在水中游上游下，觉得很快活。青蛙说：我是井里的主人，多么逍遥自在！它正在自得其乐的时候，忽然听见有人在叫它。它抬起头向井口一看，只见一只大海龟的头几乎遮去了井口上的半边天。只听见大海龟问它：青蛙老弟，你见过大海吗？青蛙说：大海有我的井大吗？海龟老兄，欢迎你下井来作客。大海龟被它说得动了心，真想下井去看看。可是，它左腿还没跨进井去，右腿的膝盖已被井栏绊住了。于是，大海龟只好伏在井口上，告诉青蛙，海有多大、多深、多广。青蛙听了大海龟的描述才知道，井外还有这么大的天地。它又惊奇又惭愧，感到自己的见识太渺小。

开源节流
kāi yuán jié liú

한자풀이

开 : 열 개 源 : 근원 원 节 : 마디 절 流 : 흐를 류

뜻풀이

재원을 개척하고 지출을 절약하다. 수원水源을 개발하여 물의 유실을 억제하다. 수입을 증가시키고 지출을 절약하는 것을 비유한 용어이다.

사진출처 : 百度网

출전

《순자·부국》에서 "고로 임금은(명明나라 주인) 반드시 근신하여 백성들의 화합을 증진시키고, 절개를 굽히고 원천을 넓혀 나가야 하며, 때에 맞게 적절히 조절하여 천하가 안정되고 부족함이 없도록 해야 한다."라고 하였다.

《荀子·富国》:"故明主必谨养其和, 节其流, 开其源, 而时斟酌焉, 潢然使天下必有余, 而上不忧不足。"

보충

소득을 늘이고 지출을 줄이는 것은 재정 관리의 기본 원칙 중의 하나다. 수입원을 늘린다는 것은 수입의 근원을 개척하는 것을 말하며 지출을

줄인다는 것은 되도록 불필요한 지출을 줄이거나 돈을 적게 쓰는 것을 말한다. 재정 분배는 재정의 원칙을 경제적으로 결정해야 하며, 적극적으로 생산 발전을 촉진시켜 경제 수익을 향상시켜야 한다. 즉 생산을 늘려 수입을 증가 시키고 재원 양성을 중시하여야만 최후에 좋은 결과가 있다는 것이다. 이와 동시에 지출을 최대한 절약하고 꼭 필요한 곳에 효율적인 지출을 해야 한다.

순자는 농업은 부의 근본적인 대업이고, 재물을 모으는 것은 단지 결과일 뿐이며, 화폐 또한 유통의 수단에 불과하다고 하였다. 재정수입은 유통을 통해서만 얻을 수밖에 없으므로 유통만을 확대하는 방식으로 수입을 늘리는 것은 부의 증가에는 도움 되지 않는다고 주장하였다.(생산의 근원을 개척해야하고, 공인과 상인이 많으면 나라는 가난하다고 강조함.)

중국 고대의 재정 관리사상은 재원을 개척하고 지출을 줄이는 것에 바탕을 두었다. 즉, 생산을 촉진하여 사회적 부를 증가시키고, 국가 경비를 절약하여 지출을 줄이는 것을 가리킨다. 이는 생산 증가와 생산의 근원 양성을 중시하는 주장과 더불어 백성에게 세금 부담을 줄이고 이를 국가가 적극적으로 돕는다면 나라와 백성 모두 부유해져 서로가 재물을 저장해둘 수 없는 정도에 이르는데 이것이 나라의 재정을 잘 알고 처리하는 극치極治인 것이다.

이 사상은 춘추春秋시대 사상가인 공자孔子가 최초로 제안하였다. 그는 나라의 도道는 백성에게 있으며, 백성이 가난하면 나라를 원망하고, 백성이 부유해지면 세상이 평안해진다고 생각하였다. 통치자는 백성들의 힘을 다른 곳에 쓸 것이 아니라, 농사를 지어 생산을 발전시켜야하고 백성이 배불러야 국가도 부를 축적할 수 있다고 주장하였다.《논어論语·안연颜渊》에서도 "백성이 풍족하면, 군왕이 어찌 풍족하지 않으리요? 백성이 부족하면, 군왕은 또 어찌 풍족하다고 할 수 있으리요."라고 하였다.

전국战国시대 사상가인 묵자墨子도 생산 발전과 세금 절감을 중시하면서 농작물의 풍작을 국가 재정 증가와 백성 생활의 고통으로 꼽았다. 동시에 그는 사치를 완곡히 반대하며 세금을 절감하는 것을 주장했다.《묵자墨子·칠환七患》에서는 "재물을 살리고 절약을 사용한다."라고 하여 이는 묵자의 사상이 적극 반영된 것이다.

이후 순자는 공자와 묵자의 사상을 겸비한 국가 재정 정책을 제안하였으며 부역을 줄이고 세금을 낮추는 정책까지 포함시켰다.

《순자荀子·부국富国》에서 강조한 이 사상은 (나라의 재정관리가 곧 나라를 다스리는 것이며, 백성에게는 제때 적절하게 농사를 지어 재원을 늘려 근본적인 생산을 장려하고, 국가는 지출을 줄이고 절약해야 한다.) 중국의 봉건사회에 큰 영향을 미쳤으며, 이후 후대의 자산가들에게도 추앙받고 있다.

开源节流是理财的基本原则之一。开源指的是开拓财政收入来源，节流指的是尽可能减少不必要的支出，或少花钱多办事。财政分配应当遵循经济决定财政的原则，积极促进生产发展，提高经济效益，增产增收，注重财源培植、增强后劲；同时也要节约支出，讲求资金使用效益。农业是创造财富的根本大业，货币只是流通的手段，财政收入只能从流通中获得，故用扩大流通的方式来增加收入，对增加财富其实并没有什么好处。

开源节流也是中国古代的一种理财思想。开源是指促进生产、增加社会财富；节流是指轻赋薄敛、撙节支出。主张理财之道在于积极发展生产，培植财源，同时注意减轻百姓负担和节省政府开支，达到民富国也富的目的。

这一思想最早由春秋时期思想家孔子提出。他认为治国之道在于安民，民贫则怨，民富则安。统治者不应该滥用民力，而应该保证农时以发展生产，增加人民的财富，只有人民富裕了，国家才会富裕。

《论语·颜渊》中关于"百姓足，君孰与不足；百姓不足，君孰与足"的论点集中反映了孔丘重视培养财源的理财思想。战国时期的思想家墨翟也很重视发展生产和节省支出，他认为农作物的收获状况，直接决定着社会财富的多少和人民生活的质量。同时他竭力反对奢侈浪费，主张节约。在《墨子·七患》中关于"其生财密，其用之节"的观点，集中反映了墨子的节用裕民思想。后来荀况兼取了孔子和墨翟的思想，提出开源节流的理财思想。荀况所说的开源节流的流，不仅指节用，而且包括轻赋薄敛政策。

《荀子·富国》就是在讲述一种理财治国的道理，在于从鼓励生产这一根本入手，要轻赋薄敛使百姓按时耕种以广开财源，同时努力节省政府支出，才能充实国库并留有后备以防意外。开源节流思想对中国封建社会的理财思想有深远的影响，一直被后世所推崇。

螳臂当车
tángbì dāng chē

🏯 한자풀이

螳 : 사마귀 당　臂 : 팔 비　当 : 저당 당　车 : 수레 차

🏯 뜻풀이

자기 분수를 모르고 무모하게 덤벼들다. 사마귀가 앞발을 들어 차서 앞을 막아보려 한다는 의미이다. 본인의 힘으로 할 수 없는 일을 하면 반드시 실패한다는 것을 비유한 의미이다.

사진출처 : 百度网

🏯 출전

《장자莊子·인간세人間世》에서 "그대는 저 사마귀를 모르시오? 앞발을 치켜들고 수레바퀴에 맞서니 이는 자신이 감당할 수 없음을 모르기 때문입니다."

청清 이여진李汝珍의 《경화연镜花缘》 제18회에서 "누가 그 마음 속을 알 것인가? 해박한 것과는 거리가 멀고, 눈앞에 보이는 것이 하나 없이 오만하고 방자함에도 도처에 얼굴을 들고 다닌다. 가히 "사마귀가 팔을

벌려 수레를 막는 격으로 자신의 주제를 모른다."라고 하였다.

증박曾朴의 《얼해화孽海花》 제24회에서 그가 끝까지 자신의 역량을 모르고 덤빈다면, 내가 가서 사자가 단숨에 토끼를 잡아먹듯이 본때를 보여주어야겠다고 하였다.

《庄子·人间世》："汝不知夫螳螂乎, 怒其臂以当车辙, 不知其不胜任也。"

清·李汝珍《镜花缘》第十八回："谁知腹中虽离渊博尚远, 那目空一切, 旁若无人光景, 却处处摆在脸上。可谓"螳臂当车, 自不量力。"

清·曾朴《孽海花》第24回："他既要来螳臂当车, 我何妨去全狮搏兔, 给他一个下马威。

🏛 역사유래

제齐나라의 장공庄公이 어느 날 사냥을 나가는데 사마귀 한 마리가 다리를 들고 수레바퀴로 달려들었다. 그 광경을 본 장공이 부하에게 "용감한 벌레로구나, 저놈의 이름이 무엇이냐?"라고 하자, "예, 저것은 사마귀라는 벌레인데 저 벌레는 앞으로 나아갈 줄만 알고 물러설 줄 모르며 제힘은 생각지 않고 한결 같이 적에 대항하는 놈입니다."라고 답했다. 장공이 이 말을 듣고 "이 벌레가 만약 사람이었다면 반드시 천하의 용맹한 사나이가 되었을 것이다."하고는 그 용기에 감탄하여 수레를 돌려 사마귀를 피해서 가게 하였다고 한다.

齐庄公出猎, 有一虫举, 足将搏其轮。问其御曰："此何虫也？"对曰："此所谓螳螂者也。其为虫也, 知进不知却, 不量力而轻敌。"庄公曰："此为人而, 必为天下勇武矣。"回车而避之。

译文：

齐国国王庄公出门打猎, 有一只螳螂举起脚, 准备和他的马车车轮子搏斗。(庄公)问他的车夫说："这是什么虫啊？"车夫说："这是螳螂。作为虫来说，(它是那种)只知道进不知道退的，不估计一下力量对比就轻率和敌方对阵。"庄公说："这虫子要是人，必定是天下勇士啊。"于是让车绕道避开了它，后来勇士都投奔了庄公。

亡羊补牢
wáng yáng bǔ láo

한자풀이

亡* : 망할 망   羊 : 양 양   补 : 기울 보   牢** : 우리 뢰

뜻풀이

양 잃고 외양간 고친다. 양을 잃은 후에 우리를 고쳐도 늦지 않다. 문제가 생긴 후에 방법을 강구하면 이 후 더 큰 손해를 방지할 수 있다는 의미이다.

사진출처 : 百度网

출전

《전국책戰国策 · 초책楚策》에서 "토끼를 보고 나서 사냥개를 불러도 늦은 것이 아니고, 양을 잃고 우리를 고쳐도 늦은 것이 아니다."라고 하였다.

---

* 망亡 : 도망, 분실하다.
** 뢰牢 : 우리. 가축을 가두는 우리.

예전에 어떤 사람이 양 한 무리를 길렀다. 어느 날 아침에 그는 양 한 마리가 적은 것을 발견하고 자세히 살펴보았더니 알고 보니 양 우리에 구멍이 뚫려있었다. 전날 밤에 그 구멍으로 늑대가 침입하여 양을 한 마리를 물고 간 것이다. 이웃이 "빨리 양 우리를 고쳐서 구멍을 메워라."고 충고하였지만 그는 "양은 이미 잃어버렸는데 왜 이제와서 외양간을 고치느냐?"며 충고를 받아들이지 않았다. 다음날 아침, 그는 양 한마리가 또 빠진 것을 발견했다. 늑대가 뚫린 구멍으로 들어와 또 양을 잡아갔던 것이다. 그는 이웃의 권고를 듣지 않은 것을 몹시 후회하면서 서둘러 구멍을 메우고 양 우리를 고쳤다. 그 후 늑대는 양 우리에 들어가 양을 물고 가지 못하게 되었다.

《战国策·楚策》："见兔而顾犬, 未为晚也 ; 亡羊而补牢, 未为迟也。"

译文 :

从前, 有人养了一圈羊。一天早晨, 他发现少了一只羊, 仔细一查, 原来羊圈破了个窟窿, 夜间狼钻进来, 把羊叼走了一只。邻居劝他说 : "赶快把羊圈修一修, 堵上窟窿吧！"那个人不肯接受劝告, 回答说 : "羊已经丢了, 还修羊圈干什么？"第二天早上, 他发现羊又少了一只。原来, 狼又从窟窿中钻进来, 叼走了一只羊。他很后悔自己没有听从邻居的劝告, 便赶快堵上窟窿, 修好了羊圈。从此, 狼再也不能钻进羊圈叼羊了。

一曝十寒

yí pù shí hán

한자풀이

一 : 한 일　曝 : 사나울 폭　十 : 열 십　寒 : 찰 한

뜻풀이

아무리 키우기 쉬운 식물일 지라도 하루만 햇볕을 쬐어주고 열흘을 차게 한다면 잘 자랄 수 없다. 일이나 공부 등이 꾸준하지 못하고 게으르거나 산만함을 비유한 것이다.

사진출처 : 百度网

역사유래

《맹자孟子・고자상告子上》에서 "세상에 비록 쉽게 싹이 트는 것이라도 하루 햇볕을 쬐이고 열흘을 차게 한다면 싹이 틀 수가 없다."라고 하였다.

전국战国시대는 백가쟁명百家争鸣과 유세游说 열풍이 매우 성행한 때였다. 일반적으로 유세를 하던 학자들은 매우 깊은 학식과 풍부한 지식을 갖추고 있었는데, 특히 깊이 있고 생동감 있는 비유를 하며 집권자를 풍자하고 설득하는 능력이 매우 뛰어났다. 맹자도 당시 유명했던 언변가로

《맹자孟子》의 《고자상告子上》에는 다음과 같은 이야기가 실려 있다.

맹자는 제齊나라 군주가 우매하여 일을 할 때 끈기가 없고, 아첨하고 이간질하는 말을 쉽게 믿는 것에 불만을 느꼈다. 맹자가 예의를 차리지 않고 제나라 군주에게 이렇게 말하였다. "너무 현명하지 못하십니다. 천하에 생명력이 매우 강한 생물이 있다 하더라도 단 하루 동안만 볕에 쬐고, 서늘한 곳에 열흘 동안 춥게 둔다면 그 생물이 살아있겠습니까? 제가 폐하와 함께 한 시간이 너무 짧기 때문에 폐하께서 잠시 저를 보지 않겠다고 하시더라도 제가 폐하의 곁을 떠나게 되면 간신들이 또 몰려와 폐하를 속이려 할 것이고, 그러면 또 폐하께서는 간신들의 말을 들으실 것이니 저는 어떻게 해야 한단 말입니까?"

이어서 맹자는 비유를 들어 이렇게 말하였다. "장기는 보기에는 간단해 보여도 전심전력으로 몰두하지 않으면 배우려고 해도 잘 배울 수가 없고, 장기를 둔다고 해도 이길 수가 없습니다. 혁추奕秋는 전국에서 장기를 가장 잘 두는 고수로 두 명의 제자를 가르쳤습니다. 그 중 한 명은 전심전력으로 몰두하면서 혁추의 가르침에 열중하였습니다. 하지만 또 다른 한 명은 언제나 큰 고니가 날고 있을 때에만 화살로 큰 고니를 겨냥할 준비를 해야 하는 것이라고 생각했습니다. (배울 때보다 직접 장기를 둘 때 열중하면 된다는 뜻) 두 제자들은 같은 스승의 가르침을 받으면서 함께 배웠지만 후자의 성적은 너무나 좋지 않았습니다. 이것은 그들의 지력에 어떤 차이가 있어서가 아니라 배움에 열중한 정도가 서로 다르기 때문이었습니다."라고 하였다.

《孟子·告子上》: "虽有天下易生之物也, 一日曝之, 十日寒之, 未有能生者也。"

战国时代, 百家争鸣, 游说之风, 十分盛行。一般游说之士, 不但有高深的学问、而且有丰富的知识, 尤其擅长用深刻生动的比喻, 来讽劝执政者，最为凸出。孟子就是当时的著名游说之士，他非常善于通过比喻来表达、阐述自己的思想观点。

《孟子·告子上》中记载了下面这样一个故事：

孟子对齐王的昏庸，作事没有坚持性、轻信奸佞谗言很不满，便不客气的对他说："王也太不明智了，天下虽有生命力很强的生物，假如把它放在太阳下晒十天，然后再把它放在阴冷的地方冻十天，即使是生命力再强的植物也会死。我见到齐王的机会少之甚少，即使给了他些良好的影响与帮助，我一离开，一些和我主张不同的人，又带给他许多不好影响。我怎么能使齐王的思想、品质好起来呢？"

接着，他使打了一个生动的比喻："下棋看起来是件小事，但假使你不专心致志，也同样学不好，下不赢，奕秋是全国最善下棋的能手，他教了两个徒弟，其中一个专心致志，处处听奕秋的指导；另一个却老是认为有大天鹅飞来，准备用箭射鹅。两个徒弟是一个师傅教的，一起学的，然而后者的成绩却差得很远。这不是他们的智力有什么区别，而是专心的程度不一样啊。"

🏛 보충

이 이야기는 교훈이 담겨있다. 우리는 꾸준히 배우고, 일을 잘 처리해야 하며, 전심전력으로 각고의 노력을 기울여야한다는 것이다. 만일 오늘 그것을 조금만 하고 내버려둔 후 열흘이 지난 후에 가서 하려고 한다면 어떻게 일을 잘 할 수 있겠는가? 이것은 공부든 일이든지 성공하느냐 못하느냐의 결정적인 요소가 될 것이다. 그래서 훗날 사람들은 맹자가 말한 '일일폭지, 십일한지一日曝之，十日寒之'를 '일폭십한一曝十寒'이라는 성어로 압축하여 표현하였다. 이는 사람들이 공부나 일에 있어서 꾸준하지 못하면 성적을 거둘 수 없다는 것에 비유하여 사용되었다.

这是一个很有教学意义的故事，我们要学习一样东西、做好一件事情，就必须要专心致志，下苦功夫。如果今天做一些，就放弃不做了，隔天十天再去做，那么事情怎么可能做得好呢？求学、做事能否成功，这能否坚持是决定因素之一，后来的人便将孟子所说的"一日曝之，十日寒之"精简成"一曝十寒"，用来比喻修学、做事没有恒心，作辍无常的一种说法。也可以比喻指人在学习上抓得不紧，不能坚持。

风声鹤唳

fēng shēng hè lì

📖 한자풀이

风 : 바람 풍   声 : 소리 성   鹤 : 학 학   唳* : 울 려

📖 뜻풀이

바람소리와 학의 울음소리도 모두 적의 병사로 의심하다. 당황하여 어찌할 바를 모르거나 자기들끼리 소란을 피우는 모습을 표현한 것이다.

사진출처 : 百度网

📖 출전

조노赵老의 《취봉래醉蓬莱·수엽추밀夺叶枢密》에서 "도대체 어찌 된 일인가. 당시 후마胡马(북방의 이민족)는 장강까지 금방 쳐들어오는데(적의

---

* 려唳 : 새가 울다, 바람소리와 새의 소리를 듣고 적의 병사들이 쫓아 오는 것으로
  여김. 즉 바람소리와 새소리 모두 적의 병사들로 의심한다는 의미이다.

군대가 강함을 의미함), 우리는(송나라) 끝없는 적의 깃발을 보자마자 바로 투항하고 공물을 바친다(제대로 싸우지 않고 쉽게 항복하는 것을 작가가 슬퍼하며 풍자함). 이는 진정 바람 소리와 학의 울음소리를 얼마나 두려워한 것이냐."라고 하였다.

욱달부郁達夫의 《도망出奔》에서 "후에 바람소리와 학 울음소리에 얽힌 이야기를 들었다. 거실은 황폐해져서 불안한 상태가 되었고, 피난을 출발하기 며칠 전이 되어서야 완진婉珍은 그 청년을 은근히 떠올렸다."라고 하였다.

소파산인筱波山人의 《애국혼愛国魂》 제1편에서 "정신 나간 살육의 위험 천만한 분위기나 환경, 바람소리와 경보, 고국 경성에 잔인함을 보내다."라고 하였다.

장경张景의 《비환기飞丸记》 제7편에서 "아가씨, 너 아직도 학 우는 소리와 바람소리에 스스로 당황하는 거야"라고 하였다.

赵老《醉蓬莱·寿叶枢密》词："底事当时, 饮江胡马, 一望云旗, 倒戈投贽。此片丹心, 几风声鹤唳。"

郁達夫《出奔》："直到后来, 听到了那些风声鹤唳的传说, 见到了举室仓皇的不安状态, 当正在打算避难出发的前几日, 婉珍才又隐隐地想起了这一位青年。"

筱波山人《爱国魂》第一出："血雨腥, 风声鹤警, 送残故国神京。"

张景《飞丸记》第七出："小姐呵, 还是你鹤唳风声自惊慌。"

🏯 역사유래

서기 383년, 전진前秦(351-394) 황제 부견符坚은 90만 대군을 조직하여, 남쪽으로 향해 동진东晋을 공격하였다. 동진 왕조는 사석谢石을 대장으로 사현謝玄을 선봉으로 하여 8만명 정예병을 이끌고 맞서 싸웠다.

부견苻堅은 스스로 장교와 병사가 많다고 생각하여 진 군대를 무찌르고 전쟁에 승리할 것으로 여겼다. 그는 병력을 수양壽陽(현재 안휘수현安徽壽縣) 동쪽에 있는 비수淝水쪽에 집결시켰다. 후속 부대들이 도착하면 바로 진晉 군대를 공격할 계획이었다.

적은 인원으로 많은 인원을 이기기 위해서 동진의 사현謝玄은 전략을 펼쳤다. 전진前秦 군대 주둔지에 사자使者를 파견하여 전진 군대의 공격수에게 충고하기를, "귀하의 군대가 비수 옆에 막사를 치고 진지를 구축하여 주둔하고 있습니다. 이것은 분명히 오랫동안 전쟁하기 위해서이며 전쟁을 빨리 끝내고 싶은 게 아닌 것 같습니다. 빨리 끝내고 싶으시다면 귀하의 군대가 뒤로 조금만 후퇴하고 저희 군대가 비수를 건너 결전하는 게 더 좋지 않겠습니까?"라고 했다. 전진의 군대는 내부적으로 상의를 하였고, 중장령众将领들은 비수를 굳건히 지켜서 진晉 군대가 강을 건너오지 못하게 하고, 계획대로 후속 부대들이 도착하면 바로 진晉을 공격해야 하니 진晉의 충고를 받아들이면 안된다고 하였다.

하지만 부견은 전쟁에 이기고 싶은 마음이 절박하여 중장령의 의견에 반대하며 말했다. "나는 우리 군대가 조금 후퇴하여 진晉군이 강을 반쯤 건너고, 반은 강을 건너고 있을 때 정예한 기마병이 돌격하여 올라간다면 우리 군대가 크게 승리하리라 생각한다!"라고 하였다.

그래서 전진前秦군은 임시로 후퇴하였는데, 군대의 지휘 혼선이 생겨서 병사들은 후퇴하는 명령을 듣고는 전방에 패전하였다고 여겨 황급하게 뒤로 후퇴하여 뿔뿔이 도망쳤다. 부견은 미처 이런 생각까지는 하지 못하였다. 사현은 적군이 후퇴한다는 소식을 듣고 군사를 지휘하여 빠르게 강을 건너 적을 무찔렀다. 전진前秦군은 패하여 퇴각하는 중에 무기와 투구와 갑옷을 잃어버렸고, 혼란을 겪는 과정에서 서로 밟고 죽인 수가 무수히 많았다. 진나라 군대의 추격을 운 좋게 피해 도망친 사병들은 길에서 바람

소리와 새소리를 들으면 모두 진군이 추격해 온다고 여기며 두려움에 떨었다. 날이 밝든 어둡든 필사적으로 도망치기에 바빴다. 그리하여 진晋군은 비수전쟁에서 승리를 할 수 있었다. 이것은 바람소리와 학의 울음소리도 모두 적병으로 의심하다. "풍성학려风声鹤唳"에 얽힌 이야기이다.

公元383年，前秦皇帝苻坚组织90万大军，南下攻打东晋。东晋王朝派谢石为大将，谢玄为先锋，带领8万精兵迎战。

苻坚认为自己兵多将广，有足够的把握战胜晋军。他把兵力集结在寿阳(今安徽寿县)东的淝水边，等后续大军到齐，再向晋军发动进攻。

为了以少胜多，谢玄施出计谋，派使者到秦营，向秦军的前锋建议道："贵军在淝水边安营扎寨，显然是为了持久作战，而不是速战速决。如果贵军稍向后退，让我军渡过淝水决战，不是更好吗？"秦军内部讨论时，众将领都认为，坚守淝水，晋军不能过河。待后续大军抵达，即可彻底击溃晋军。因此不能接受晋军的建议。

但是，苻坚求胜心切，不同意众将领的意见，说："我军只要稍稍后退，等晋军一半过河，一半还在渡河时，用精锐的骑兵冲杀上去，我军肯定能大获全胜！"

于是，秦军决定后退。苻坚没有想到，秦军是临时拼凑起来的，指挥不统一，一接到后退的命令，以为前方打了败仗，慌忙向后溃逃。谢玄见敌军溃退，指挥部下快速渡河杀敌。秦军在溃退途中，丢弃了兵器和盔甲，一片混乱，自相践踏而死的不计其数。那些侥幸逃脱晋军追击的士兵，一路上听到呼呼的风声和鹤的鸣叫声，都以为是晋军的追击，于是不顾白天黑夜，拼命逃跑。就这样，晋军取得了"淝水之战"的重大胜利。

草木皆兵
cǎo mù jiē bīng

한자풀이
草 : 풀 초 木 : 나무 목 皆 : 다 개 兵 : 병사 병

뜻풀이

　매우 놀라 의심하다. 초목이 모두 적군로 보이다. (전진前秦의 부견符堅이 적을 두려워한 나머지 산의 풀과 나무가 온통 적병 같이 보여 놀랐다는 고사에서 유래함.) 사람이 너무 놀라서 의심이 심해진 것을 비유한 것이다.

사진출처 : 百度网

보충

　이 용어의 본래 의미는 바람 소리와 학의 울음 소리도 모두 (적의)병사로 의심되고, 초목이 모두 (적의) 병사로 보인다는 것이다. '풍성학려, 초목개병风声鹤唳, 草木皆兵' 이렇게 여덟 자로도 쓰이며, 뒤의 네 글자만 쓰기도 한다. 사람이 매우 놀랄 때의 모습을 표현한 것이며, 바람이 불어 풀이 흔들리는 것을 적의 군대라고 생각하여 심한 두려움을 느끼는 것을

표현한 것이며, 실패자의 두려운 심리로 자주 표현되기도 한다.

"风声鹤唳, 草木皆兵"에서 '려唳' 자는 "눈물을 흘리다."의 의미이나 표준중국어의 '루泪'와 다르다. 광동어와 독음이 같다. 현대 한어에서는 '唳'를 'lie' 라고 읽지 않고, 'li'라고 읽어야 한다. 이것은 새 울음소리로도 해석할 수 있다. '鹤唳'은 '학 울음소리'로도 해석할 수 있고 더 광범위하게 모든 새의 울음소리로도 해석할 수 있다.

"风声鹤唳, 草木皆兵"是个成语, 八字连同可以, 只用后四字也行, 是形容人在十分惊恐之时, 稍微有些风吹草动, 就认为那些草是兵, 便紧张害怕得要命, 常形容失败者的恐惧心理。

鹤立鸡群
hè lì jī qún

한자풀이

鹤 : 학 학　立 : 설 립　鸡 : 닭 계　群 : 무리 군

뜻풀이

군계일학群鸡一鹤. 닭의 무리 중에 우뚝 서 있는 한 마리 학이란 뜻으로 많은 사람 가운데 가장 뛰어난 사람을 비유한 것이다.

사진출처 : 百度网(좌), 네이버(우)

출전

진·대규의 《죽림칠현론》에서 '혜소가 낙양에 들어가고 혹은 왕융에게 말했다. "어제는 많은 사람들 가운데 혜소를 처음 만났는데 학이 닭 무리 속에 있는 것처럼 의기양양하였다."라고 하였다.

남조 송 유의경의 《세설신어·언행》에서 어떤 사람이 왕융에게 말하였다. "혜연조(혜소)는 학이 닭 무리에 있는 것처럼 특출합니다."라고 하였다.

晋·戴逵《竹林七贤论》：“嵇绍入洛，或谓王戎曰：‘昨于稠人中始见嵇绍，昂昂然若野鹤之在鸡群。’”

南朝·宋·刘义庆《世说新语·容止》：“有人语王戎曰：‘嵇延祖卓卓如野鹤之在鸡群。’”

🏛 역사유래

진晋 혜제惠帝 때 시중侍中(고대 관직이름)의 관직을 맡은 혜소嵇绍에 관한 이야기이다. 그는 위진魏晋 때 "죽림칠현竹林七贤" 가운데 혜강嵇康의 아들로 체형이 우람하고 총명하고 재능이 출중하여 또래 중에서도 매우 뛰어났다. 당시 왕족들이 권력 다툼으로 서로 공격하여 죽인 사건을 역사에서는 '팔왕의 난八王之乱'이라 불렀다. 혜소는 황제에 대해 줄곧 충성스러웠다. 한 번은 수도에 변란이 일어나 정세가 엄중하여 혜소는 분주히 궁으로 들어갔다. 궁문을 지키는 호위병이 활을 당겨 혜소를 쏘려고 했다. 시위관은 혜소의 다부지고 위엄 있는 의청仪青을 보고 얼른 수위를 저지하고 화살을 빼앗았다. 얼마 지나지 않아 도성에서 또 변란이 일어났다. 혜소는 진 혜제를 따라 군사를 양양湯阳으로 이동해 출병하여 싸웠는데 불행히도 전패하여 많은 사상자가 나왔다. 수많은 많은 병사들이 도망갔으나 오직 혜소만이 줄곧 혜제를 보위하고 있었다. 적들의 화살이 빗방울처럼 날아왔고, 혜소는 화살을 맞아 계속 피를 흘렸다. 혜소嵇绍는 혜제에게 날아오는 적군의 화살을 맞아가며 죽어갔다. 나중에 혜제에게 묻은 핏자국을 씻어내려 하자, 혜제는 "씻어내지 말아라. 이것은 혜소의 피이다!"라고 했다. 혜소가 살아있을 때, 어떤 사람이 왕융王戎에게 "어제 많은 사람들 속에 있는 혜소를 봤는데 기개가 드높은 것이 마치 군계일학과 같다."라고 말했다. 그 후 '군계일학'은 한 사람의 외모나 재능이 주변 사람들 사이에서 두드러지는 것을 의미하게 되었다.

晋惠帝时侍中嵇绍，他是魏晋之际"竹林七贤"之一嵇康的儿子，体态魁伟，聪明英俊，在同伴中非常突出。晋惠帝时，嵇绍官为侍中。当时皇族争权夺利，互相攻杀，史称为"八王之乱"，嵇绍对皇帝始终非常忠诚。有一次都城发生叛乱，嵇绍奋不顾身奔进宫。守卫宫门的侍卫张弓搭箭，准备射他。侍卫官望见嵇绍正气凛然的仪青，连忙阻止侍卫，并把弓上的箭抢了下来。不久京城又发生叛乱，嵇绍跟随晋惠帝，出兵迎战于汤阳，不幸战败，将士死伤逃亡无数只有嵇绍始终保护着惠帝，不离左右。敌方的飞箭，象雨点般射过来，嵇绍身中数箭，鲜血直流，滴在惠帝的御袍上。阵亡。事后惠帝的侍从要洗去御袍上的血迹，惠帝说"别洗别洗，这是嵇侍中的血啊！"嵇绍在世时，有一次有人对王戎说"昨天在众人中见到嵇绍，气宇轩昂如同野鹤立鸡群之中。"后来就用"鹤立鸡群"比喻一个人的仪表或才能在周围一群人里显行很突出。

🏛 보충

혜강嵇康(225-264)의 자는 숙야叔夜이고, 삼국三国시대 초군질谯郡铚(현 숙현서남宿县西南)사람이며, 위진魏晋시대 유명한 사상가, 문학가, 음악가이다.

조위曹魏 정시正始 연간에는 혜강嵇康과 원적阮籍, 산도山涛, 향수向秀, 유영刘伶, 왕융王戎, 완함阮咸이 당시 산양현山阳县(현 하남수무일대河南修武一带)의 죽림에서 같이 종종 모여서 술을 마시고 노래를 부르며 청담사상을 논하던 일곱 현인을 두고 '죽림칠현竹林七贤'이라 하였다.

정치적으로 혜강, 완적, 유영 등은 조정을 장악한 사마씨司马氏 무리에 비협조적이었고, 산도, 왕융 등은 사마씨의 권력을 등에 업고 고위 관리를 맡아 사마씨 정권의 심복이 되었다.

남의 모함을 받아 혜강은 결국 사마소의 손에 죽었다. 역사서에 혜강은 외모가 뛰어났다고 기록되어 있다. 그는 몸집이 크고 풍채가 준수하였으며, 혜강에게 혜소라는 아들이 있었다. 혜강은 아버지와 마찬가지로 재능과 학문이 뛰어날 뿐만 아니라 풍채가 좋고 기세등등했다고 한다.

기원전 265년, 사마염司馬炎이 위나라 원제에게 강요하여 왕위를 받아 낙양洛陽을 도읍으로 정했는데, 바로 서진西晉이다. 혜강이 살해된 지 20년 후에 이부상서吏部尚书의 직위에 있을 때 태자를 보좌하고 좌복사左仆射인 산도가 가난하고 궁핍한 혜소를 찾아냈다. 그리고 그를 도읍지로 데리고 가서 진 무제 사마연에게 추천하여 비서로 관직을 맡게 했다.

혜소는 낙양에 도착해서 거리를 한참 걸으니 무릇 사람마다 칭찬해 눈길을 끄니 많은 사람들이 자신도 모르게 그를 따라갔다. 여기저기 사람들에게 물어 혜강의 아이라는 것을 알게 되었고, 혜강의 친구인 왕융을 찾아 가서 더 많은 정보를 알고 싶었다.

"나는 오늘 시장에서 혜강의 아들 혜소를 보았네. 그는 외모가 뛰어나며, 많은 사람들 사이에서 마치 두루미 한 마리가 닭 무리 속에 서 있는 것 같았다."고 말했다. 왕융은 듣고 미소를 지으며 회답하기를, "아직 그의 아버지는 당연히 못 만나 보셨겠지요!"라고 대답했다. 이 대화로 보아 혜강의 풍채 역시 아들만큼 좋았음을 짐작하게 한다.

진 혜제 사마충司馬衷이 왕위를 승계한 후 혜소는 시중으로 임명되어 궁전을 자주 드나들었고 혜제의 신임을 많이 받았다. 서기 291년 서진 황족 내부에 16년 동안 '팔왕의 난'이 일어났다. 이 기간에 하간왕河间王 사마옹司马颙과 성도왕成都王 사마영司马颖은 연합하여 수도 낙양으로 진군하고, 혜소는 혜제를 따라 탕양湯阳에서 출병하여 싸웠으나 불행하게도 전쟁에서 패하였다. 혜제의 군관들과 호위 무사들은 대부분 도망쳤으나, 혜소만이 시종일관 혜제의 곁을 떠나지 않고 호위하였다. 결국 화살에 맞아 죽었고 그의 피는 황제의 두루마기에 튀었다. 황제는 혜소의 충성스러움과 용감함에 감동했고, 전쟁이 끝난 후 그는 오랫동안 수복을 빨지 않고 다녔으며 혜소를 기렸다고 한다.

嵇康(公元225年-公元264年)，字叔夜，三国时谯郡铚(今宿县西南)人，魏晋时期著名思想家、文学家、音乐家。曹魏正始年间，嵇康与阮籍、山涛、向秀、刘伶、王戎、阮咸常常聚在当时的山阳县(今河南修武一带)的竹林之下，纵酒放歌，谈玄论道，故世谓"竹林七贤"。

在政治上，嵇康、阮籍、刘伶对把持朝政的司马氏集团持不合作态度，而山涛、王戎等则先后投靠司马氏，历任高官，成为司马氏政权的心腹。

因遭人陷害，嵇康后被司马昭所杀。史书记载，嵇康还是位美男子。他身材高大，仪态俊逸。嵇康有个儿子，名叫嵇绍，和父亲一样，不仅很有才学，而且仪表堂堂。公元265年，司马炎代魏建晋，定都洛阳，史称西晋。在嵇康被害20年后，身居吏部尚书、太子少傅、左仆射的山涛找到了穷困潦倒的嵇绍，并将其带到都城，推荐给晋武帝司马炎，让他担任了秘书丞这一官职。

水滴石穿
shuǐ dī shí chuān

한자풀이

水 : 물 수 滴 : 물방울 적 石 : 돌 석 穿 : 뚫을 천

뜻풀이

물을 계속 한 방울씩 떨어뜨리면 오랜 시간이 지나 돌도 뚫을 수 있다. 비록 작은 힘이지만 꾸준히 노력하면 성공할 수 있다는 의미이다. 또 "낙숫물이 바위를 뚫는다滴水穿石."라고도 하고, 주로 '실톱으로 자른 나무绳锯木断'와 함께 쓰인다.

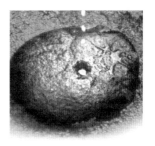

사진출처 : 百度网

역사유래

장괴애张乖崖는 숭양崇阳에 현령으로 있었다. 당시 군졸이 장수를 모욕하고, 하급 관리가 장관을 침범한 일이 많았다. 장괴애는 이는 정상적인 일이 아니라고 생각하고, 이를 다스릴 결심을 했다. 어느 날 그는 관아의 주위를 순행하였다. 갑자기 그는 부고에서 관리가 황급히 걸어 나오는 것을 보았다. 장괴애가 하급관리를 꾸짖고 그의 상투 속에서 한 푼짜리 엽전 한 닢이 숨겨져 있는 것을 발견하였다. 장괴애가 그 관리를 문책하여 부고에서 훔쳐 온 것임을 알았다. 그는 그 하급관리를 끌고 가 곤장을 치도록 하였다. 그 하급관리가 "그까짓 엽전 한 푼 흠친 게 뭐 그리 큰 죄라고 곤장을 칩니까? 당신은 나를 때릴 순 있어도 죽일 수는 없을 겁니

다."라고 했다. 분노한 장괴애는 "하루 한 푼이면 천 일 뒤에는 천 푼이다. 낙숫물이 댓돌을 뚫을 수 있고 물방울이 바위도 뚫는다."고 판결했다. 이를 벌하기 위하여 장선애는 하급 관리를 참수형에 처했다.

原文：

张乖崖为崇阳(古县名)令，一吏自库(钱库)中出，视其鬓旁巾(头巾)下有一钱(铜钱)，诘之，乃库中钱也。乖崖命杖之，更勃然(发怒的样子)日："一钱何足道，乃杖我耶？尔能杖我，不能斩我也！"乖崖援笔判云："一日一钱，千日千钱，绳锯木断，水滴石穿！"自仗剑下阶斩其首。

(摘自宋·罗大经《鹤林玉露》)

解析：

张乖崖在崇阳当县令。当时，常有军卒侮辱将帅、小吏侵犯长官的事。张乖崖认为这是一种反常的事，下决心要整治这种现象。一天，他在衙门周围巡行。)突然，他看见一个小吏从府库中慌慌张张地走出来。张乖崖喝住小吏，发现他头巾下藏着一文钱。张乖崖上前责问，才知道是从府库中偷来的。他把那个小吏带回大堂，下令拷打。那小吏不服气："一文钱算得了什么！你也只能打我，不能杀我！"张乖崖大怒，判道："一日一钱，千日千钱，绳锯木断，水滴石穿。"为了惩罚这种行为张乖崖当堂斩了这个小吏。

第五章 爱恋情感
애정

沉鱼落雁
chén yú luò yàn

🏛 한자풀이

沉 : 잠길 침   鱼 : 물고기 어   落 : 떨어질 락   雁 : 기러기 안

🏛 뜻풀이

　여자의 아름다움을 비유한 것으로 그 아름다움을 보고 물고기는 헤엄치는 것을 잊어 가라앉아 버렸고, 기러기는 날갯짓하는 것을 잊어버려 떨어졌다는 의미이다. '침어沉鱼·낙안落雁·폐월闭月·수화羞花'는 중국 고대古代 4대

사진출처 : 百度网

미녀를 형용하는 말로 그 중 '침어沉鱼'는 서시西施이고, '떨어진 기러기落雁'는 왕소군王昭君이다.

《장자庄子·재물론齐物论》에서 "(미인으로 이름난) 모장毛嫱, 진晋나라 헌공献公부인 여희丽姬는 모든 사람들이 아름답다고 하였다. 이 미인들이 그 얼굴을 물에 비추면 물고기가 깊이 숨어버리고 새가 보면 높이 날아가 버리고 사슴이 보면 바쁘게 달아나니, 넷 중 누가 천하의 정색인지 알 수 있겠는가?(절대적인 미추나 선악은 없다는 의미)"라고 하였다.

《庄子·齐物论》: "毛嫱、丽姬, 人之所美也; 鱼见之深入, 鸟见之高飞, 麋鹿见之决骤, 四者孰知天下之正色哉?"

■ 보충

중국 역사상 4대 미녀中国历史上的四大美女

중국은 전통적으로 여자의 아름다움을 형용하는 말로 물고기가 헤엄치는 것도 잊고 숨어버렸고 기러기가 날갯짓하는 것을 잊어 떨어진 것沉鱼落雁과 달이 그 빛을 가리고 꽃이 창피해할 정도로 빼어난 미모를 가진 여인闭月羞花을 비유하였는데, 이 용어는 중국의 4대 미인을 가리키는 말이 되었다. 여기서 침어沉鱼는 춘추春秋시대의 서시西施이고, 낙안落雁은 서한西汉의 왕소군王昭君이며, 폐월闭月은 한말汉末의 초선貂蝉, 수화羞花는 당대唐代의 양귀비杨贵妃이다.

1. 춘추전국시기春秋战国时期, 월越나라에 서시西施라는 여자가 있었는데 직물을 세탁하는 여인이었다. 이목구비가 단정하고, 얼굴빛이 곱고 용모가 뛰어났다. 그녀가 강가에서 빨래를 하고 있으면 맑게 흐르는 강물이 그녀의 아름다운 모습을 비춰 그녀를 더욱 아름답게 만들었는데 물고기들은 거꾸로 비친 그녀의 모습을 보고 헤엄치는 것을 잊고 점점 강바닥으로 가라앉게 되었다. 이때부터 서시라는 별명이 근처에서 널리 퍼졌다.

2. 삼국三国 때 한汉 헌제献帝의 대신사도大臣司徒 왕윤王允의 기생 초선貂蟬이 뒤편 화원에 달을 보러 갔다. 갑자기 산들바람이 불어와 구름 한 조각이 밝은 달을 가려버렸다. 이때 마침 왕윤이 이것을 보고는 자신의 딸의 미모를 과시하기 위해 만나는 사람들에게 이야기하였다. "내 딸의 미모는 달도 이길 수 없으니 달이 서둘러 구름 뒤에 숨은 것이다."라고 했고 이 때문에 기생 초선도 '폐월闭月'이라고 불리게 된 것이다.

3. 한汉나라 원제元帝가 재위 때, 흉노의 침입으로 국경 부근은 어지러웠다. 한 원제는 북쪽의 흉노를 위로하기 위해 소군昭君과 선우單于를 뽑아 혼인을 맺어 두 나라의 영원한 평화를 약속하였다. 하늘이 높고 맑은 어느 가을날 소군은 고향을 떠나 북으로 갔다. 도중에 말은 울부짖고 기러기는 울면서 그녀의 가슴을 아프게 했다. 애절한 감정이 그녀의 마음을 구슬프게 했고 그녀는 말에 올라타 거문고를 켜고 슬픈 이별 노래를 연주하기 시작했다. 남쪽으로 날아가던 기러기가 이 거문고 소리를 듣고 말 위에 탄 이 아름다운 여자를 보고는 (너무 아름다워) 날갯짓하는 것을 잊고 땅에 떨어졌다. 이때부터 소군은 "낙안落雁(기러기떼)"라는 별명을 얻게 되었다.

4. 당唐나라 개원开元 연간에 양옥환杨玉环이라는 미모의 여자아이가 궁녀로 뽑혀 궁에 들어왔다. 양옥환은 입궁한 후 고향이 그리웠다. 어느 날 그녀가 꽃 산책을 하던 중에 활짝 핀 모란牡丹과 월계화月季를 보았다. 궁중에 갇힌 채 청춘을 보내는 것을 탄식하며 활짝 핀 꽃에게 말했다. "꽃이여, 꽃이여! 그대는 해가 갈수록 점점 더 피는 데 나는 언제쯤 빛을 볼 수 있을까?"라고 하고는 눈물을 흘리면서 꽃을 쓰다듬자 꽃잎은 바로 오므라들고 푸른 잎도 말린 채로 아래로 하였다. 그녀가 만진 것이 함수초含羞草였다. 그때 한 궁녀가 이를 보았고, 궁녀는 "가는 곳 마다 양옥환杨玉环과 꽃의 아름다움을 비교하여 말하면서 "꽃들이 수줍어하면서 (양옥환의 아름다움에) 고개를 숙였다."고 말했다. 이 후 '수화羞花(부끄러운

꽃)'라는 별명이 붙었다.

中国历史上的四大美女

中国传统上把沉鱼落雁和闭月羞花连读，并分别指代中国历史上的四大美人，沉鱼是春秋的西施，落雁是西汉的王昭君，闭月是后汉末的貂蝉，羞花是唐代的杨贵妃。

1. 春秋战国时期，越国有一个叫西施的，是个浣纱的女子，五官端正，粉面桃花，相貌过人。她在河边浣纱时，清彻的河水映照她俊俏的身影，使他显得更加美丽，这时，鱼儿看见她的倒影，忘记了游水，渐渐地沉到河底。从此，西施这个"沉鱼"的代称，在附近流传开来。

2. 三国时汉献帝的大臣司徒王允的歌妓貂蝉在后花园拜月时，忽然轻风吹来，一块浮云将那皎洁的明月遮住。这时正好王允瞧见。王允为宣扬他的养女长得如何漂亮，逢人就说，我的女儿和月亮比美，月亮比不过，赶紧躲在云彩后面，因此，貂蝉也就被人们称为"闭月"了。

3. 汉元帝在位期间，南北交兵，边界不得安静。汉元帝为安抚北匈奴，选昭君与单于结成姻缘，以保两国永远和好。在一个秋高气爽的日子里，昭君告别了故土，登程北去。一路上，马嘶雁鸣，撕裂她的心肝；悲切之感，使她心绪难平。她在坐骑之上，拨动琴弦，奏起悲壮的离别之曲。南飞的大雁听到这悦耳的琴声，看到骑在马上的这个美丽女子，忘记摆动翅膀，跌落地下。从此，昭君就得来"落雁"的代称。

4. 唐朝开元年间，有一美貌女儿叫杨玉环，被选进宫来。杨玉环进宫后，思念家乡。一天，她到花园赏花散心，看见盛开的牡丹、月季……想自己被关在宫内，虚度青春，不胜叹息，对着盛开的花说："花呀，花呀！你年年岁岁还有盛开之时，我什么时候才有出头之日？"声泪俱下，她刚一摸花。花瓣立即收缩，绿叶卷起低下。哪想到，她摸的是含羞草。这时，被一宫娥看见。宫娥到处说，杨玉环和花比美，花儿都含羞低下了头。"羞花"称号得来。

(摘自：王晓梅《一本书读懂中华民俗知识》)

天长地久
tiān cháng dì jiǔ

한자풀이

天 : 하늘 천 长 : 길 장 地 : 땅 지 久 : 오랠 구

뜻풀이

하늘과 땅이 존재했던 시간 만큼 긴 시간. 시간의 유구함을 의미한다.
(주로 남녀 간의 애정에 많이 사용된다.)

사진출처 : 百度网

출전

《노자老子》 제7장에서 "하늘은 길고 땅은 유구하다. 하늘과 땅이 영원
한 이유는 스스로 살지 않기 때문에 오래 살 수 있는 것이다."라고 하였다.
당唐 · 백거이白居易의 《장한가长恨歌》에서 "하늘은 길고 땅은 오래어도
다할 날이 있으련만 이들의 한은 있고 이어져 끊어질 때 없으리라. ……"
라고 하였다. (양귀비에게 푹 빠져 정사에 뜻을 잃은 당나라 현종과 양귀

비의 사랑을 읊은 시)

당唐·두심언杜审言의 《대포大酺》에서 "북을 치고 종을 치더니 바다가 놀랐고, 새 옷을 정성껏 차려 입고 강동을 비춘다. 매화는 떨어지는 곳마다 이상하게 눈을 품고 있다. 버드나무 잎이 피면 기분 좋은 바람이 분다. 화덕운관火德云官이 토대를 만나니 하늘이 길고 땅이 오래면 그 해는 풍년이다."라고 하였다.

송宋·이중광李仲光의 《작교산鹊桥仙·자수·自寿》에서 시집이 만 권이고, 아름다운 거문고가 삼농三弄이며, 더욱 새로운 사词가 천 수 있다. 오늘부터 낮을 노니는 것은 오래도록 변하지 않은 영원한 시간이다."라고 하였다.

《老子》第七章："天长地久，天地所以能长且久者，以其不自生，故能长生。"

唐·白居易《长恨歌》：天长地久有时尽，此恨绵绵无绝期。

唐·杜审言《大酺》：伐鼓撞钟惊海上，新妆袨服照江东。梅花落处疑残雪，柳叶开时任好风。火德云官逢道泰，天长地久属年丰。

宋·李仲光《鹊桥仙·自寿》：诗书万卷，绮琴三弄，更有新词千首。从今日日与遨游，便是天长地久。

比翼双飞
bǐ yì shuāng fēi

한자풀이

比 : 견줄 비   翼 : 날개 익   双 : 두 쌍   飞* : 날 비

뜻풀이

부부가 서로 아끼고 사랑하다. 부부뿐만 아니라 남녀 간의 사랑, 사업 파트너 관계에서 함께 어깨를 나란히 하여 전진하는 모습을 비유한다.

사진출처 : 百度网

출전

《이아尔雅 · 석지释地》에서 "남방南方에는 비익조比翼鸟라는 새가 있었다. 짝을 짓지 아니하면 날 수가 없었고 이름은 겸겸鹣鹣이라고도 불리었다."라고 하였다.

《산해경山海经 · 해외남경海外南经》에서 "비익조比翼鸟는 동쪽에 있으며

---

* 쌍비双飞 : 나란히 쌍을 지어 날다.

파랑색과 붉은색을 띠고 있는 두 새는 날개를 나란히 하고 남산南山 동쪽에 있었다."라고 하였다.

《서산경西山经》에서 "나의 산에 …… 새가 있는데 그 모양이 물오리와 같으며, 날개와 눈만 보면 날고, 이름이 만만蛮蛮이라고 하니, 보고 나면 천하가 물바다가 된다."라고 하였다.

《尔雅·释地》: "南方有比翼鸟焉, 不比不飞, 其名谓之鹣鹣。"

《山海经·海外南经》: "比翼鸟在(结匈国)其东, 其为鸟青、赤, 两鸟比翼。一曰在南山东。"

《西山经》: "崇吾之山 …… 有鸟焉, 其状如凫, 而一翼一目, 相得乃飞, 名曰蛮蛮, 见则天下大水。"

🏛 보충

비익조比翼鸟

먼 옛날 황하黄河 근처에 작은 마을이 있었다. 유생柳生이라는 어린아이가 있었는데 그의 집안은 가난하고 어려웠다. 매일 집안일을 모두 돕고 난 후에야 집 뒤편 깊은 숲속에 가서 유생이 가장 좋아하는 각종 새의 울음소리를 들을 수 있었다. 점점 유생도 각기 다른 종류의 새소리를 듣고 구분할 수 있게 되었고, 다양한 새의 울음소리를 배우게 되었다. 오랜 시간이 지나자 유생이 흉내내는 새 소리가 진짜 새 울음인지 유생이 낸 소리인지 구분되지 않을 정도로 흡사하였고 종종 많은 새들을 불러들여 함께 즐기곤 하였다.

유생이 열여섯 살 되던 해에 홀어머니마저 오랜 과로로 눕게 되었고 약을 살 돈이 많이 필요하여 유생은 맞은편 마을의 황지주 집에 들어가 자신을 팔아 그 집 화원을 가꾸는 일을 하였다.

유생이 황지주 집에 들어간 후 카나리아 새 한 마리와 황가네 아가씨와 인연을 맺어 오랫동안 정을 나누었다. 황 지주에게 이 사실이 알려져서, 유생은 황지주네 하인들에게 죽을 지경으로 맞았고, 황하黃河 부근으로 쫓겨났다.

그 사실을 알고 황지주 아가씨는 비통하여 의식을 잃고 피를 토하며 세상을 떠났다. 이때 사람들은 아름다운 날개의 작은 새 한 마리가 그녀의 가슴에서 뛰어나오는 것을 보았는데 그 새는 지적이지도 않고 그저 황하 쪽을 향해 달려갔다고 한다. 그 새는 오른쪽 날개만 있고 날지도 못했는데 몇몇 사람들이 이상하게 여겨 뒤따라갔다. 그 새는 날지는 못했지만 속도가 매우 빨라 금방 황하에 도착했고, 그때 황하에서에서 겨우 숨을 붙이고 있는 유생도 곧 황하로 버려지기 직전이었다. 유생은 이 새를 보자 두 눈을 감았고 이내 많은 하인들에게 짓밟혀 떨어졌다.

이때 황하에 떨어진 유생의 가슴에서도 왼쪽 날개만 있는 아름다운 새 한 마리가 뛰어나와 오른쪽 날개만 있는 새와 함께 하늘로 날아가 버렸다.

후에 사람들은 노래를 잘하는 새가 곧 유생의 가슴에서 나와 변한 것이고 노래를 부르지 못하는 새가 황가네 아가씨의 가슴에서 나와 변한 것이라고 생각했다. 두 사람은 진심으로 사랑하다 죽은 후 한 마리의 새로 변한 것이다. 그래서 사람들은 그 새를 가리켜 비익조比翼鸟라 부르게 되었다.

比翼鸟

在遥远的古代，黄河附近有个小村庄。有一个小孩子叫柳生，家境困苦，每天帮家里做完事之后最喜欢的便是在家后面的深树林里听着各种鸟的叫声，渐渐的柳生也学会了分辨各种不同类型的鸟叫声，慢慢的他学会了各种鸟叫的声音，就连鸟儿都分辩不出是真是假，经常能招来许多鸟儿。

年过一年，日复一日。柳生也慢慢长大了，这一年柳生十六岁，唯一和他相依为命的母亲也由于长年的劳累过度病重无法下床，需要很多钱来买药，于是柳生卖身进入了对面村的黄员外家打理花园。

柳生进到黄员外家后，因为一只金丝雀与黄家小姐结缘，日久生情，却被黄员外得知，柳生被黄家众家丁打了个半死，又被抬到了附近的黄河。

黄家小姐听说后血气攻心，喷出了一大滩的鲜血便去世了，这时一只美丽单翅的小鸟，突然从那少女的心口跳了出来，那鸟儿并不会叫，只是朝着黄河的方向跑去，这鸟只有右翅也不会飞，一些人看了觉得奇怪便跟着过去。那鸟不会飞，但速度很快，不一会便追到了黄河边，本来还有一口气的快要被扔下黄河的柳生，看到了这只小鸟就把双眼合上，被众家丁甩了下去。

这时候柳生的心口也跳出一头和那美丽小鸟一样，但是只有左翅的鸟儿，和那少女变成的只有右翅的鸟儿合在一起，飞向了天空。

后来人们就说，那会唱歌的鸟就是柳生的心，而那不会唱歌的鸟便是黄莺的心，两人真心相爱死后也变化成了鸟儿在一起，人们便把这种鸟儿叫做比翼鸟。

孟姜女哭长城
mèng jiāng nǔ kū Cháng chéng

한자풀이

孟 : 성씨 맹   姜 : 생강 강   女 : 여자 녀   哭 : 울 곡   长 : 길 장   城 : 재 성

뜻풀이

맹강녀孟姜女가 만리장성长城에서 운다.

중국 민간 4대 애정 이야기 중 하나이다. 진시황秦始皇이 만리장성을 쌓을 때였다. 청년인 범희량范喜良과 맹강녀孟姜女가 결혼한 지 3일 만에 범희량이 강제로 장성을 쌓는 노역에 끌려가게 되었다. 얼마 지나지 않아 그는 추위와 배고픔에 시달리다 고된 노동 끝에 죽었고 만리장성 밑에 묻혔다고 한다.

맹강녀는 겨울옷을 입고 천신만고千辛万苦(온갖 고생) 끝에 만리장성에 도착했지만, 남편이 죽었다는 슬픈 소식을 접하게 되었다. 맹강녀는 사흘 밤낮을 만리장성에서 울었는데, 이때 갑자기 만리장성이 무너져 범희량의 유해가 드러났다. 맹강녀는 범희량을 잘 묻어준 후 절망에 빠져 바다에 뛰어들었다고 한다.

사진출처 : 百度网

진秦나라에 선량하고 아름다운 여자가 있었는데 이름은 맹강녀孟姜女이다. 어느 날 그녀가 정원에서 일하고 있는데, 갑자기 포도밭 밑에 사람이 숨어 있는 것을 발견하고 깜짝 놀라 소리를 지르려는 순간 연신 손을 흔들면서 사정했다. "소리 지르지 말고 나 좀 살려주세요! 저는 범희량范喜良이라 하는데 도망 왔어요. 원래 진시황秦始皇이 만리장성을 쌓기 위해서 곳곳에서 사람을 잡아다 강제노역을 시키는데 이미 굶어 죽은 사람이 얼마나 많은지 모릅니다."라고 하였다. 맹강녀는 범희량을 구해 주기로 마음먹고 그의 훌륭한 문학적 교양과 수려한 미모로 인해 사랑하는 감정까지 생겨났고 범희량도 맹강녀를 좋아하게 되었다. 그들은 서로 마음이 통해 부모의 동의를 얻어 부부가 되기로 약속하였다.

결혼식 날 맹孟가네 집에서는 등불을 켜 놓고, 오색 천으로 장식하였으며 손님들이 가득 차서 모두 기쁨에 넘치는 모습이었다. 날이 어두워지자 결혼 축하주를 마시던 사람들도 뿔뿔이 집으로 돌아갔다. 신랑과 신부가 신혼방에 들어가려고 할 때, 갑자기 닭과 개 짖는 소리가 들려왔다. 그러자 포악한 관리와 병사들이 쳐들어왔다. 다짜고짜 쇠사슬로 범희량을 묶고서 만리장성에 데리고 갔다. 아무 탈 없이 잘 치룬 경사가 물거품이 되었고, 맹강녀는 슬픔과 분노가 교차하여 밤낮으로 남편을 그리워했다. 그녀는 내가 집에 앉아 공연히 애만 태우는 것보다는 자신이 만리장성에 가서 그를 찾는 것이 더 낫겠다고 생각했다. '맞아! 남편을 찾으러 떠나자!' 맹강녀는 바로 짐을 싸서 길을 나섰다.

가는 길에 얼마나 많은 고통风霜雨雪과 시련을 겪고, 얼마나 많은 험한 산과 물길을 건넜는지 모른다. 맹강녀는 힘들다는 말 한마디와 눈물 한 방울도 흘리지 않고 남편에 대한 깊은 사랑으로 온 힘을 다해 마침내 만리장성에 이르렀다. 이때 만리장성은 이미 공사장마다 성벽이 길게 쌓여 있었는데, 맹강녀는 공사장마다 찾아 다녔지만 남편의 종적을 찾지 못했다. 마지막으로 그녀는 용기를 내서 일하러 가는 인부들에게 물었다. "혹시 범희량을 아는 사람이 있나요?" 민공은 말했다. "이 사람 새로 온 분인데……" 맹강녀는 이 말을 듣자마자 표현할 수 없을 만큼 기뻤다. 그녀는 서둘러 다시 물었다. "그는 지금 어디에 있습니까? 민공이 답하기를, "이미 죽어서 시신이 성곽을 채웠습니다."라고 하였다.

맹강녀는 갑자기 이 비보를 듣고 마치 청천벽력 같이 눈앞이 깜깜해지고 마음이 아파 대성통곡하기 시작했다. 사흘 밤낮을 꼬박 울었더니 하늘도 감동하였는지 갑자기 온 천지가 어두컴컴해지고 바람이 거세지면서 '화락' 소리가 들리더니 만리장성이 움직였다. 그리곤 범희량의 시체가 드러났다. 맹강녀의 눈물이 피로 물든 범희량 얼굴에 떨어졌다. 사랑하는 남편을 만났지만 그는 이미 진시황의 폭정으로 살아서 다시 볼 수 없는 사람이 되었다.

秦朝时候，有个善良美丽的女子，名叫孟姜女。一天，她正在自家的院子里做家务，突然发现葡萄架下藏了一个人，吓了一大跳，正要叫喊，只见那个人连连摆手，恳求道："别喊别喊，救救我吧！我叫范喜良，是来逃难的。"原来这时秦始皇为了造长城，正到处抓人做劳工，已经饿死、累死累死很多人了！孟姜女把范喜良救了下来，见他知书达理，眉清目秀，就对他产生了爱慕之情，而范喜良也喜欢上了孟姜女。他俩儿心心相印，征得了父母的同意后，准备结为夫妻。

成亲那天，孟家张灯结彩，宾客满堂，一派喜气洋洋的情景。眼看天快黑了，喝喜酒的人也都渐渐散了，新郎新娘正要入洞房，忽然只听见鸡飞狗叫，随后闯进来一队恶狠狠的官兵，不容分说，用铁链一锁，硬把范喜良抓到长城去做工了。好端端的喜事变成了一场空，孟姜女悲愤交加，日夜思念着丈夫。她想：我与其坐在家里干着急，还不如自己到长城去找他。孟姜女立刻收拾收拾行装，出发了。

一路上，也不知经历了多少风霜雨雪，跋涉过多少险山恶水，孟姜女没有喊过一声苦，没有掉过一滴泪，终于，凭着顽强的毅力，凭着对丈夫深深的爱，她到达了长城。这时的长城已经是由一个个工地组成的一道很长很长的城墙了，孟姜女找遍了每个工地，却始终不见丈夫的踪影。最后，她向一队正要上工的民工询问："你们这儿有个范喜良吗？"民工说："有这么个人，新来的。"孟姜女一听她连忙再问："他在哪儿呢？"民工说："已经死了，尸首都已经填了城脚了！"

　　猛地听到这个噩耗，好似晴天霹雳一般，孟姜女只觉眼前一黑，一阵心酸，大哭起来。整整哭了三天三夜，哭得天昏地暗，连天地都感动了。天越来越阴沉，风越来越猛烈，只听"哗啦"一声，一段长城被哭倒了，露出来的正是范喜良的尸首，孟姜女的眼泪滴在了他血肉模糊的脸上。她终于见到了自己心爱的丈夫，但丈夫却再也看不到她了，因为他已经被残暴的秦始皇害死了。

举案齐眉
jǔ àn qí méi

🏛 한자풀이

举 : 들 거   案 : 책상 안   齐 : 가지런할 제   眉 : 눈썹 미

🏛 뜻풀이

밥상을 눈썹 높이만큼 받들어 올린다. 아내가 남편을 깍듯이 존경하거나 부부가 서로 사랑하고 존중하며 포용한다는 의미다.

사진출처 : 百度网

🏛 출전

《후한서后汉书·양홍전梁鸿传》에서 "남의 방아를 찧을 때마다 집집마다 가서 아내가 먹을 것을 구해오며 감히 양홍을 쳐다보지 않고 아내는 남편을 깍듯이 존경한다."라고 하였다.

《后汉书·梁鸿传》: "为人赁舂, 每归, 妻为具食, 不敢于鸿前仰视, 举案齐眉。"

　양홍梁鸿은 지위가 높고, 품행과 학식이 모두 훌륭하였다. 그리하여 많은 사람이 자신의 딸을 그에게 시집보내려 했는데 그는 모두 거절했다.

　같은 마을의 맹씨孟氏 집에 딸이 있었는데 몸집이 뚱뚱한데다가 얼굴도 시커멓고 못생겼다. 그런데 힘이 무지 세어 남자들도 들 수 없는 돌로 된 큰 절구를 들어 올릴 수 있었다. 또 성격은 까다로워서(본인이 가리는 것이 많아) 나이 서른이 되도록 결혼할 생각조차 하지 않았다. 그녀의 부모가 결혼하지 않으려는 이유를 묻자, 그녀는 "양홍梁鸿에게 시집을 가겠습니다."라고 대답했다. 양홍이 이 소식을 듣고 맹 여사의 댁에 먼저 찾아가서 혼담을 꺼냈고 예를 갖추어 그녀를 아내로 맞이하기로 했다. 결혼 후 맹씨는 매일 정성스럽게 꾸몄음에도 양홍이 7~8일이 지나도 거들떠보지 않자, 남편에게 궁금하여 그 까닭을 물었다. 양홍은 "내가 원했던 부인은 비단 옷을 걸치고 짙은 화장을 하는 여자가 아니라 나와 고생할 수 있는 검소하게 살림을 꾸리고(누더기를 부끄러워하지 않고) 깊은 산속에서라도 살 수 있는 여자였소."라고 대답했다. 아내는 이제 당신의 마음을 알았으니 당신의 뜻에 따르겠다하고는 머리 모양도 옛날처럼 하고 베옷으로 갈아입고 나왔다. 양홍은 이제서야 내가 원하는 삶이고 이 모습이 내가 바라는 아내라고 하였다. (후에 이들은 오나라 땅으로 가 명망이 있는 귀족인皋伯通에게 의지하며 곁채에서 살면서 남의 방앗간지기로 일하며 생활을 꾸려 나갔다.) 이 후에도 양홍이 일을 마치고 돌아오면 그 아내는 밥을 지어 양홍을 똑바로 올려다보지 아니하고 밥상을 눈썹 위까지 들어올려 건네었다.

　梁鸿在古代很有地位, 品行学识都很好, 很多人都想把女儿嫁给他, 但是梁鸿都拒绝了。有个姓孟的女子, 长得又丑又黑, 但是力气很大, 能举起很多男子都举不起的石臼, 自己很挑剔, 三十多了一直没有结婚，父母问他是为什么，她说想嫁给梁鸿，梁鸿听说这件事之后就主动去孟女士家提亲了，两人结婚后，孟女士每天精心打扮自己，但是梁鸿连着七八天都没搭理她，她就问丈夫，都说你品行比较好，为什么娶我进门之后就不理我呢，你是对我哪里不满意么？梁鸿说我想娶的是那种朴实的女子，能跟我受苦的，勤俭持家的，你现在每天浓妆艳抹，穿金戴银，不是我想娶的那种人，妻子就说：我这么做就是在考察你的节操，我也有那种粗布衣服，下地干活的农具，说完直接换上了。梁鸿开心地说这才是过日子，这才是我想要的好妻子。以后梁鸿每天回家，妻子都会做好饭菜举着托盘端到梁鸿面前，总是把托盘高高举过眉毛，对梁鸿非常恭敬。

人面桃花
rén miàn táo huā

人 : 사람 인   面 : 낯 면   桃 : 복숭아 도   花 : 꽃 화

🏮 **뜻풀이**

직역하면 '복숭아꽃처럼 어여쁜 얼굴'이라는 뜻이지만, 사랑하는 사람을 다시 만나지 못하거나, 경치는 예전과 같으나 그때 함께했던 연인이 곁에 없는 경우를 비유하는 말로 쓰이기도 한다.

사진출처 : 百度网

🏮 **출전**

등아성邓雅声의 《무제无题》에서 "최랑崔郞을 다시 만날 수 있을까, 한 번 떠나버린 사랑하는 사람은 다시 만나지 못한다는 시花人面诗를 읽을까 두렵다."라고 하였다.

유영柳永의 《만조환满朝欢》에서 "한 번 떠나간 사랑하는 사람을 다시

만나지 못한다. 어디인지는 모르지만, 몰래 붉은색 문짝을 가렸다."라고
하였다.

당唐·최호崔护의《제도성남장題都城南庄》에서 "지난 해 오늘 이 문 안
에서 미인의 얼굴은 복숭아꽃으로 붉게 물들었는데, 그 사람은 어디로 갔
는지 알 수 없고, 복숭아꽃만 여전히 봄바람에 웃고 있네."라고 하였다.

邓雅声《无题》: "崔郎能否能相见, 怕读桃花人面诗。"
柳永《满朝欢》: "人面桃花, 未知何处, 但掩朱扉悄悄。"
唐·崔护《题都城南庄》诗 : "去年今日此门中, 人面桃花相映红。人
面不知何处去, 桃花依旧笑春风。"

🏯 역사유래

옛날 당唐나라 시인 최호崔护가 과거시험 공부를 하다가 바람 쐬러 나
왔다. 때는 사뭇 봄기운이 느껴지는 청명절에 한참을 노닐던 최호는 복숭
아꽃에 둘러싸인 한 집을 보고 목이 말라 물 한 사발을 얻어 마시려 문을
열자 아리따운 여인이 나왔다. 두 청춘 남녀는 첫눈에 상대방이 마음에
들었지만 일찍이 만나지 못한 것을 한탄하며 오랫동안 잊지 못하고 마음
속으로 짝사랑만 하였다. 이듬해 청명절에 최호는 다시 지난해에 갔던 곳
을 가면 그녀를 다시 만날 수 있을까하는 생각에 다시 찾아가보기로 결심
하였다. 일 년 뒤 그 아가씨의 집에 도착해보니 복숭아꽃은 여전히 아름
답지만 문이 잠겨있었다. 최호는 실망한 나머지《제도성남장題都城南庄》
이라는 시를 지어 대문에 걸어놓고 발걸음을 되돌렸다. 시의 내용은 "지
난해 오늘 이 문에는 복숭아꽃이 붉게 피었다네. 사람 얼굴과 복숭아꽃이
붉게 비치었는데, 사람은 어디론가 가고 복숭아꽃만 여전히 봄바람에 웃
고 있네."

얼마 후 집으로 돌아온 그 아가씨는 자기 집 대문에 걸려 있는 이 시를

보고 아마도 최호가 쓴 것이라고 생각하고 자신이 외출한 것을 몹시 후회했지만 결국 최호와 만나지 못했다. (그 청년과 다시 만날 수 없을 것으로 판단하여) 상사병을 앓다 결국 밥도 먹지 못하고 죽었다.

그 후 최호가 다시 왔는데 여인의 아버지는 딸이 문에 걸려 있는 시를 읽은 뒤 병이 나서 죽었는데 시체가 방에 있다고 했다. 최호는 급히 달려 들어가 슬퍼하며 말하기를, "제가 늦게 왔네요. 제가 바로 최호입니다."

그러자 여인이 깨어났고 그녀의 아버지는 크게 기뻐하여 최호를 배필로 허락하여 두 사람은 행복하게 함께 했다는 이야기이다.

이 이야기를 통해 후대에 많은 사람들이 시 속에서 복숭아꽃을 어여쁜 여인의 모습에 비유하였고, 사랑하는 사람에 대한 그리움으로 표현하였다.

相传，唐朝诗人崔护进京应试，清明节在经常游玩，然后看到有一户人家被桃花环绕，崔护正好口渴了，想去找碗水喝，开门之后，只见一位非常漂亮的美女走出来。俩人想见恨晚，一见钟情，让崔护久久不能忘怀，第二年清明节，崔护又来到去年去的这个地方，准备看能不能偶遇梦中女孩。只见这桃花依然很美，可是门却锁住了。非常失望随即提笔写《题都城南庄》诗在门上，"去年今日此门中，人面桃花相映红。人面不知何处去，桃花依旧笑春风。"那个少女回来的时候看到门上有首诗，只要是崔护写的，非常后悔自己外出了，没能和崔护见面。于是相思成疾，绝食而死。后来崔护来了，女子的父亲说自己的女儿读了门上的诗，然后就生病了，已经死了，尸体就在屋里放着呢，崔护赶紧跑过去痛苦说道：我来晚了，我是崔护！听到崔护的声音少女竟然醒了，然后两人就幸福地在一起了。后来大家就取诗中的人面桃花形容女子美丽，以及这种相思之情。

海枯石烂
hǎi kū shí làn

🏛 한자풀이

海 : 바다 해   枯* : 마를 고   石 : 돌 석   烂** : 문드러질 란

🏛 뜻풀이

오랜 세월이 지나다. 바닷물이 말라서 돌이 썩어 흙이 된다.

1. 역사는 유구하나 만물이 변하였다는 것을 의미한다. 주로 맹세(다짐)를 할 때 사용하며, 반대 의지가 확고하여 영원토록 변치 않는 것을 의미하기도 한다.

2. 사랑을 굳게 지켜나가겠다는 서약을 할 때도 쓰인다.

3. 바다가 마르고 바위는 흙이 된다. 아주 오랜 시간을 겪고 지나왔음을 비유적으로 이르는 말이다.

사진출처 : 百度网

---

* 고枯 : 물이 마르다.
** 란烂 : 썩나, 부패하다.

원元·원호문元好问의 《서루곡西楼曲》에서 "원앙새 두 마리가 바닷물이 마르고 돌이 흙이 되면 암수가 함께 날아 나란히 죽는다."라고 하였다.

원元·왕실보王实甫의 《서상기西厢记》 제5권 제2절에서 "천지는 높고 두터운데, 오랜 세월이 지나도(바닷물이 마르고 돌이 흙이 된다.) 이맘때 쯤이면 그리울까?"라고 하였다.

명明·나관중罗贯中의 《삼국연의三国演义》 제47회에서 "바다가 마르고 돌이 흙이 되지 않는 이상 너는 내가 항복한다고 말하면 안 된다. 지난 날의 우정을 생각하며 술을 좀 마시려 하니 자리를 함께 해주오."라고 하였다.

명明·능몽초凌濛初의 《초각박안량기初刻拍案惊奇》 24권에는 "네가 만일 잘못을 고집하고 깨닫지 못한다면, 바닷물이 마르고 돌이 흙이 되어도 그 속에서 복귀할 수 없다."라고 하였다.

당当 강소윤康笑胤의 《창망강산루苍茫江山泪》에서 "나는 너의 오랜 약속이 진실이라 믿고, 바닷물이 마르고 돌이 흙이 될 때까지 변하지 않겠다는 약속도 진심이라고 믿는다. 나는 네가 평생토록 함께 한다는 하늘과 땅이 영원히 지켜 줄 고백을 믿는다."라고 하였다.

元·元好问 《西楼曲》: "海枯石烂两鸳鸯, 只合双飞便双死。"

元·王实甫 《西厢记 第五本 第二折》: "这天高地厚情, 直到海枯石烂时, 此时作念何时止？"

明·罗贯中 《三国演义》第四十七回: 汝要说我降, 除非海枯石烂！前番吾念旧日交情, 请你痛饮一醉, 留你共榻;

明·凌濛初 《初刻拍案惊奇》卷二四: "你若执迷不悟, 凭你石烂海枯, 此中不可复出了。"

当代·康笑胤 《苍茫江山泪》: "我相信你天长地久的承诺是真的, 我也相信你海枯石烂的誓言也是真的, 我相信你生生世世在一起、天荒地老永相守的告白。"

有情人终成眷属
yǒu qíng rén zhōng chéng juàn shǔ

📖 한자풀이

有 : 있을 유 情 : 사랑 정 人 : 사람 인 终 : 마칠 종 成 : 이룰 성
眷 : 돌볼 권 属 : 무리 속

📖 뜻풀이

남녀가 연인에서 마침내 부부가 되는 것을 가리킨다.

사진출처 : 百度网

📖 출전

《서상기西厢记》제5권 4절에서 "이별 없이 영원히 그대와 함께 세상 모
든 사랑(연인)이 행복한 결실이 되길 바란다."라고 하였다.

《西厢记》第五本第四折 : "永老无别离, 万古常完聚, 愿天下有情的
都成了眷属。"

《서상기西厢记》의 전체 명칭은 《최앵앵대월서상기崔莺莺待月西厢记》이며 원元나라의 희곡가戏剧家 왕실보王实甫가 지었고 5권 21절로 되어 있다. 선비인 장군서张君瑞와 귀족 아가씨 최앵앵崔莺莺의 사랑 이야기이다. 비록 어머니가 극심히 반대했지만 비녀婢女(여종) 홍낭红娘이 적극적으로 둘을 이어주어 우여곡절 끝에 장생과 최앵앵의 경사가 겹겹이 쌓이게 되어 마침내 가정을 이루었다는 이야기이다. 이 이야기는 봉건적인 예교에 반대하는 주제를 표현한 것이었고, 이후 '홍낭红娘'이라는 말은 오늘날 다른 사람의 결혼을 성사시키는 사람의 대명사가 되었다.

왕실보는 원나라의 저명한 잡극 작가로서 가장 영향력이 있는 작품이 바로 《서상기》이다. 《서상기》는 가사가 아름답고, 당시 젊은 남녀들의 전통 예교를 반대하고 사랑의 자유를 쟁취하려는 공통된 마음을 표현한 것으로 "천하에 남녀 사이에는 지기知己 즉 자기를 알아주는 사람을 찾기 힘드니, 서로 사랑하는 남녀는 사랑의 결실을 맺기를 바란다."는 사랑의 동경을 처음 표현한 희곡이다.

《西厢记》全名《崔莺莺待月西厢记》，元代戏剧家王实甫所作，全剧五本二十一折。描写了书生张君瑞和贵族小姐崔莺莺的恋爱经过，虽崔母极力反对，但婢女红娘热心穿针引线，经过一番周折，张生和崔莺莺喜庆团圆、有情人终成眷属，故事表现了反对封建礼教的主题，而"红娘"一词则成为今天促成别人婚姻的人的代名词。

王实甫是元代著名的杂剧作家，他最有影响的作品是《西厢记》。《西厢记》曲辞优美，表现当时青年男女反叛传统礼教，争取爱情自由的共同心声，是第一次表达"愿普天下有情的都成了眷属"的爱情憧憬。

情人眼里出西施
qíng rén yǎn li chū xī shī

한자풀이

情 : 사랑 정 人 : 사람 인 眼 : 눈 안 里 : 속 리 出 : 날 출
西 : 서녘 서 施 : 베풀 시

뜻풀이

사랑하는 사람의 눈에는 서시西施(중국의 4대
미녀 중 하나)로 보인다. 원래 송대宋代 호자胡
仔의 《초계어은총화후집苕溪渔隐丛话后集 · 산골
짜기山谷》 상권의 속담에 이르기를, "연인의 눈
에는 서시가 보인다."고 했다. 연인의 눈에는 서
시처럼 아름답다는 의미이다. (=제 눈에 안경)

사진출처 : 百度网

출전

명明 · 서호어은주인西湖渔隐主人의 《환희원가欢喜冤家》 제5회에서 "그
는 눈을 돌려 원처녀를 바라보지 않았다. 보면 볼수록 즐거운 것이 바로
연인의 눈에는 서시西施로 보였기 때문이다."라고 하였다.

청清 · 적호翟灏의 《능인편能人编 · 부녀妇女》에서 "연인의 눈에는 서시西
施로 보인다는 속설도 있다."라고 하였다.

청清 · 조설근曹雪芹의 《홍루몽红楼梦》 제79회에서 "연인이 서시西施로
보인다."는 다음 구절은 "서시 눈에는 영웅으로 보인다."는 것이다.

明 · 西湖渔隐主人 《欢喜冤家》 第五回 : "他眼也不转看着元娘, 越看越有趣, 正是情人眼里出西施。"

清·翟灝《能人编·妇女》: "情人眼里出西施, 鄙语也。

清·曹雪芹《红楼梦》第七十九回"情人眼里出西施"的下一句, 应为
"西施眼里出英雄。"

보충

심심상인心心相印

굳이 말하지 않아도 마음과 마음이 서로 통한다. 묵묵히 자신을 알아주
고 이해해 주는 사이나 둘도 없는 친구를 빗대어 표현한 이심전심以心傳
心과도 같은 의미이다.

육조대사六祖大师《법보단경法宝坛经》에서 "나는 부처의 불심佛心을 전
하는데 어찌 감히 불경을 어길 수 있겠는가."라고 하였다.

《황얼전심법요黄蘖传心法要》에서 "가섭迦叶 이래 마음이 마음으로 전해
지고, 그 마음은 다르지 않다."라고 하였다.

염화미소拈花微笑

염화미소拈花微笑(=이심전심以心傳心)는 불교 언어이고, 선종禅宗(좌선
坐禅에 의해서 자신의 힘으로 깨달음의 세계에 도달하는 것을 목적으로
하는 불교의 한 종파)은 마음에서 마음을 전하는 것이 첫 번째 공안公案
(선禪의 수행에 뜻을 품고 스승이 있는 곳으로 찾아가 뵈면 공부해야 할
문제를 받는 것을 불교에서는 공안이라 함)이며, 이는 두 가지 의미를 담
고 있다. 첫 번째의 의미는 선禪의 이치에 투철하게 이해했으며 두 번째
의미는 서로 묵계默契(말없는 가운데 뜻이 서로 맞음)하며, 마음 속으로
깨닫고, 마음이 서로 통한다는 것心神领会、心意相通、心心相印이다. 스승과
제자 사이에 서로 묵묵한 가운데 마음이 통한다는 것을 나타내기도 한다.

부처佛陀의 염화미소拈花微笑는 약 이천오백여 년 전에 감추어진 비밀

이었다. 오직 10대 제자 중 당시 그 자리에 있었던 가섭迦叶만이 그 뜻을 알고 미소로써 화답했는데, 이것이 바로 선종禅宗의 시작이다.

연꽃莲花은 불교를 상징하며 꽃과 열매가 동시에 피고 맺는 독특한 특성을 가지고 있으며(깨달음을 얻고 난 뒤에야 중생을 구제하는 것이 아니라, 이기심을 없애고 자비심을 키우며 모든 중생을 위해 사는 것 자체가 바로 깨달음의 삶이라는 것을 연꽃이 속세의 중생들에게 전하려는 메시지이다.), 우주 만물 진화의 진면목을 대신하기도 한다. 연꽃은 진흙에서 피지만 진흙에 더럽혀지지 않으며, 청정한 마음清净心(안정된 마음)을 상징하는 불성이다. 청정한 마음은 사리분별을 분명하게 할 수 있게 하며, 사람은 누구나 불성을 가지고 있다. 부처도 속세로 내려와 중생으로 살아가는 시기를 겪었지만, 속세에 물들지 않는다. 또 속이 텅 비어 있는 연뿌리는 우주만물의 근본을 상징하는 것이다.

心心相印

彼此的心意不用说出, 就可以互相了解。形容彼此思想感情完全一致。

六祖大师《法宝坛经》："吾传 佛心印 , 安敢违 于佛经。"

《黄蘗传心法要》："迦叶以来, 以心印心, 心心不异。"

拈花微笑

"拈花微笑"也作"拈花一笑", 佛教语, 是禅宗以心传心的第一宗公案, 包含了两种意思：一是对禅理有了透彻的理解, 二是彼此默契、心神领会、心意相通、心心相印。形容师徒之间的默契、心灵相通。

佛陀拈花微笑是2500多年之前的秘密, 当时在场者只有迦叶尊者微笑会意, 这禅宗的开始。莲花是佛教的代表, 它具有花果同时的独特成长特性, 代表了宇宙演化的实相；莲花出淤泥而不染, 代表清净心的佛性, 清净心处理事物条理分明, 人人皆有佛性, 菩萨入世渡众生, 出淤泥而不染；莲藕似空非空, 代表了世界的本性。

一见钟情
yí jiàn zhōng qíng

🏛 한자풀이

一 : 한 일 **见** : 볼 견 **钟*** : 모일 종 **情**** : 사랑 정

🏛 뜻풀이

첫눈에 반하다. 남녀가 만나자마자 사랑이 싹트고 사랑에 빠지는 것을 의미한다.

사진출처 : 百度网

🏛 출전

청淸·목낭자墨浪子의《서호가화西湖佳话》에는 "낭군님을 보는 순간 첫 눈에 반해 천첩贱妾(처가 남편에 대하여 자기를 낮추어 이르는 말) 마음 에 닿았습니다."라고 하였다.

清·墨浪子《西湖佳话》: "乃蒙郎君一见钟情, 故贱妾有感于心。"

---

* 종钟 : 집중하다.
** 종정钟情 : 애정을 기울이다. 사랑에 집중한다.

첫눈에 반한다는 이 평측평평平仄平平(평측법 : 시어의 높낮은 성조를 고르는 것)의 음절을 읽고 있으니 마치 흥망성쇠하는 역사와 같고, 중화中华 오천 년 남짓 역사와 같다. 사실 중화뿐만 아니라 모든 나라의 역사에 애정사는 있다. 예를 들어 서로 사랑하는 사람이 "너는 왜 나를 좋아하니?"라고 묻는 이런 근본적인 질문에 종종 말문이 막힌다. 비록 천 년의 애정사를 쓴 역사가 있다 해도 사람들은 아직도 어떻게 자기의 감정을 표현할 것인가에 대해서는 여전히 어렵다.

청대清代에 마침내 한 사람이 침묵을 깨고, 수많은 사람의 마음을 뒤얽힌 사랑의 주문을 '一见钟情'이라는 간단한 네 글자로 표현했다.

一见钟情, 念着这平仄平平的音节, 就像是起起落落的历史章节, 中华上下五千载, 无非爱恨情仇, 其实不仅咱们中华是这样, 但是哪家的历史又能离得了情呢？比如相爱的人追问到"你为何喜欢我"这一根源时, 往往查不清楚语源。即便是拥有千年的情感书写史, 国人还是对如何表达自己的情感, 显得力不从心。到了清代, 终于有人打破沉默, 破译了缠绕在无数人心头的爱情魔咒, 即是那简单的四个字：一见钟情。

第六章 生活智慧
지혜

邯郸学步
hán dān xué bù

🏛 **한자풀이**

邯 : 조나라서울 한　鄲 : 조나라서울 단　学 : 배울 학　步 : 걸음 보

🏛 **뜻풀이**

　　모방만 일삼다가 본연의 기량조차 상실하다. 연燕나라 소년은 조趙나라에 가서 걸음걸이를 배우다 결국 자신의 옛 걸음걸이마저 잊어버려 기어서 돌아왔다. 다른 사람을 모방하기만 하면 기술을 배우지 못할 뿐만 아니라 오히려 원래의 능력까지 잃어버리게 된다는 의미이다.

사진출처 : 百度网

출전

《장자庄子·추수秋水》에서 "자왕아! 연燕나라 수릉壽陵에 어떤 젊은이가 조趙나라 한단邯郸에 가서 걸음걸이를 배운 이야기를 들어 본 적 있느냐? 그는 조趙나라의 걸음걸이를 배우지도 못했지만, 원래 자신의 걸음걸이조차 잃어버려 결국 기어서 돌아갈 수밖에 없었단다. 지금 그대가 가지 않으면 그대의 일을 잊게 될 것이오, 그대의 업을 잃게 될 것이네."라고 하였다.

《庄子·秋水》: "子往呼！且子独不闻夫寿陵余子之学行于邯郸与？未得国能, 又失其故行矣, 直匍匐而归耳。今子不去, 将忘子之故, 失子之业。"

역사유래

연燕나라의 한 사람이 조趙나라의 수도인 한단邯郸으로 여행을 갔다. 그는 한단邯郸의 모든 것이 너무나 아름답고 좋아 보였다. 깨끗한 거리, 아름다운 건축, 번화한 시장, 새로운 디자인의 옷 등 그는 이곳의 모든 것을 좋아하게 되었다.

그 중 가장 관심이 간 것은 한단邯郸 사람들의 걷는 모습이었다. 그는 매일 길가에 서서 행인들의 걷는 모습을 감상하고 있었다. 젊은이들의 걸음은 힘차고 멋지며, 아가씨들의 걸음은 가벼우면서도 대범하였다. 다시 그들과 자신의 걸음걸이를 비교해 보니 자신의 걸음걸이가 너무 형편없이 느껴졌다.

그는 "만약 내가 한단邯郸 사람들의 걷는 모습을 배워서 연燕나라로 돌아가면 연나라 사람들이 나를 부러워하고 칭찬을 하겠지."라고 생각했다. 그래서 그는 매일 한단 사람들의 뒤를 쫓아다니면서 그들의 걸음걸이를 따라 걸었다. 어떻게 다리를 드는지 어떻게 걸음을 걷는지, 어떻게 전진하는지 어떻게 돌아가는지, 걸음걸이를 배우기 위해 수도 없이 넘어졌지만 그는 불평조차 하지 않았다.

그는 이렇게 고생을 마다하지 않고 몇 개월 동안 배웠지만 한단 사람들의 걸음걸이를 완전히 따라하지 못했고, 오히려 자신의 걸음걸이는 점점 더 형편없어졌다. 그는 속상하여 다시는 걸음걸이를 배우지 않겠다고 다짐하였다.

그러나 그는 이미 원래의 걸음걸이를 완전히 잊어 버려 어떻게 걸어야 되는지 몰라서 기어서 연燕나라로 돌아갈 수밖에 없었다.

"한단邯鄲에서 걸음걸이를 배운다."는 속담은 일을 할 때 남을 모방할 줄만 알고 장점을 배우지도 못할 뿐 아니라 자신이 가지고 있던 장점 또한 모두 잃어버린다는 의미로 쓰인다.

有一个燕国人，出门旅游来到赵国的首都邯郸。他觉得这里的一切都是那么美好。整齐的街道，美丽的建筑。繁华的市场，款式新颖的服装，这些都让他喜欢。最令这位燕国人着迷的还是邯郸人走路的姿态，他整天在街上欣赏行人的走路，看到小伙子路潇洒有力，姑娘们步子轻盈大方。心理羡慕极了。再看看自己走路的样子真是要多难看有多难看。他想："如果我学会了邯郸人走路，以后回到燕国，人们一定会大大夸奖我的。"于是，他天天偷偷地跟在邯郸人的后面学走路，看人家怎么抬脚，怎么迈步，怎么前进，怎么转弯。为了学走路，不知摔了多少跟头，他也没有怨言。燕国人就这样不辞辛苦地学了几个月，还是没有学会邯郸人走路的姿态，而且走路姿势越来越难看。他非常伤心，决定不再学习了，但是，这是他已经把原来走路的动作完全忘记了，不知该怎么走了。实在没有办法，他只好狼狈不堪地爬回燕国去了。"邯郸学步"这个成语，比喻做事清，只知道模仿别人，不但没有学到人家的本领，反而把自己原有的东西丢光了。

어떤 학자들의 연구에는 한단邯鄲은 사실 걷는 방법을 배운 것이 아니라 무용 걸음을 배운 것이라고 주장하였다. 당시 조趙나라 한단에서는 '까치발'이라는 춤이 유행했었는데 지금의 서양 발레에서 발끝을 대고 추는 춤으로 아주 우아하였다고 한다.

有学者研究认为，邯郸学步其实学的不是普通走路的步法，而是学的邯郸舞步。当时在赵国邯郸流行一种舞步叫踮屣，是一种类似于现代西方芭蕾舞的点着脚尖跳舞的舞步，非常优美。

颔下之珠
hé xià zhī zhū

한자풀이

颔* : 턱 함   下 : 아래 하   之 : 갈 지   珠 : 구슬 주

뜻풀이

흑룡의 턱 밑에 있는 진주. 귀한 진품은 얻기 어렵다는 의미이다.

사진출처 : 百度网

출전

《장자庄子·열어구列御寇》에서 "무릇 천금 같은 가치가 있는 귀중한 진
주는 반드시 깊은 연못 흑룡의 턱 밑에 있는 것이다."라고 하였다.

《庄子·列御寇》 "夫千金之珠，必在九重之渊，而骊龙颔下。"

---

* 함颔 : 턱.

어느 한 사람이 송宋나라 왕을 찾아뵈었는데 송宋나라 왕이 수레와 말을 그에게 하사하였다. 그는 하사 받은 수레와 말을 장자庄子 앞에서 뽐내었다. 장자庄子께서 말씀하시기를, "강가에는 삿자리를 엮어 생계를 꾸리는 가난한 집이 있는데 그의 아들이 깊은 물속에 들어가 천금 같은 진귀한 구슬 하나를 얻었다네. 아버지가 아들한테 말하기를, "돌맹이를 가져다가 이 보석을 부셔버려라! 천금 같이 진귀한 구슬은 깊은 못 바닥 흑룡의 턱 밑에 있는 데서 나오는 법이다. 네가 이런 진귀한 구슬을 쉽게 얻을 수 있다면 틀림없이 흑룡이 잠들었을 때 가져왔을 것이다. 만약 흑룡이 깨어난다면, 너는 살아서 돌아올 수 있겠느냐?"라고 하였다. 오늘날 송宋나라의 험악함은 단지 깊은 못 밑에만 있는 것이 아니다. 송나라 왕의 포악한 모습은 흑룡 못지않을 것이다. 네가 송나라 왕에게서 수레와 말을 얻을 수 있다면 송나라 왕이 잠시 잠든 것이 틀림없다. 송나라 왕이 깨어나면 너의 몸이 온전치 못할 것이다."라고 하셨다.

有个拜会过宋王的人，宋王赐给他车马十乘，依仗这些车马在庄子面前炫耀。庄子说："河上有一个家庭贫穷靠编织苇席为生的人家，他的儿子潜入深渊，得到一枚价值千金的宝珠，父亲对儿子说：'拿过石块来锤坏这颗宝珠！价值千金的宝珠，必定出自深深的潭底黑龙的下巴下面，你能轻易地获得这样的宝珠，一定是正赶上黑龙睡着了。倘若黑龙醒过来，你还想活着回来吗？'如今宋国的险恶，远不只是深深的潭底；而宋王的凶残，也远不只是黑龙那样。你能从宋王那里获得十乘车马，也一定是遇上宋王睡着了。倘若宋王一旦醒过来，你也就必将粉身碎骨了"。

良药苦口
liáng yào kǔ kǒu

한자풀이

良 : 어질 량 药 : 꽃밥 약 苦 : 쓸 고 口 : 입 구

뜻풀이

좋은 약은 입에 쓰다. 좋은 약은 종종 써서 먹기가 힘들다. 진심에서 우러나오는 충고, 날카로운 비판을 비유한다. 이는 들을 때는 조금 불편하지만 단점을 고치기 좋다라는 의미이다.

사진출처 : 百度网

출전

《한비자韩非子 · 외저설좌상外储说左上》에서 "좋은 약은 입에 쓰다. 그러나 지혜로운 사람은 권하고 마시며, 자신이 병에 걸렸다는 것을 알고 고치려고 한다."라고 하였다.

《공자가어孔子家语 · 육본六本》에서 "좋은 약은 입에는 쓰지만 병에는 이롭고, 충언은 귀에 거슬리지만 행실에는 이롭다."라고 하였다.

《韩非子 · 外储说左上》: "夫良药苦于口, 而智者劝而饮之, 知其入而己己疾也。"

《孔子家语 · 六本》: "良药苦于口而利于病, 忠言逆于耳而利于行。"

좋은 약은 입에 쓰지만 병에 이롭고, 충언은 귀에 거슬리지만 행함에 이롭다.

이 용어의 첫 번째 의미는 "좋은 약은 써서 사람이 삼키기에는 힘들지만 병이 나을 수 있고, 충성스러운 말은 듣기 불편하지만, 사람들의 언행에 도움이 된다"라는 의미이다. 지금은 남의 의견과 비판을 겸허하게 받아들여야 한다는 뜻으로 자주 표현한다.

두 번째 의미는 "좋은 약은 대부분은 쓰다. 하지만 병을 치료하는데 이로움을 준다. 반면, 사람들에게 도움이 되는 좋은 충고는 대부분 듣기에 좋지 않다."는 것이다. 기꺼이 용감하게 충고나 비판을 받아들이라는 의미이다. 그러므로 잘못은 제때 고치면 큰 문제가 생기지 않으니 잘못할까 두려워하지 말라는 것이다. 그러나 두려워해야 할 것은 잘못한 줄 알면서도 남의 충고를 받아들이기 싫어하여 고치지 않아 작은 실수를 큰 실수로 만드는 것이다. 큰 잘못에서는 구할 도리가 없고, 쓴 약을 삼킨다는 것은 어렵다. 하지만 스스로 병이 낫는 것에 이로움을 준다. 귀에 거슬리는 말은 상처를 주지만 우리를 더 빨리 나아가게 하기도 한다.

良药苦口利于病, 忠言逆耳利于行

第一种意思是, 好药虽然很苦, 让人难以下咽, 但却能治好病, 忠诚的话虽然有点让人听了不舒服, 但却能帮助到人们的言行举止。现在常用来形容应该虚心接受别人的意见和批评。

第二种意思是, 好药大多是苦的, 但却有利于治病; 但是教人从善的语言多数是不太好听的。这句话的重点在于教育人们要勇于接受批评。因为一个人有了过错并不可怕, 只要能够及时改正就无大碍, 可怕的是讳疾忌医, 不愿意接受别人的批评意见, 从而由小错到大错, 由大错到不可救药, 苦口的药虽然很难让人吞咽, 但却有利于自己痊愈, 逆耳的话虽然有点伤人, 但却能使我们更快地进步。

越俎代庖

yuè zǔ dài páo

▤ 한자풀이

越* : 넘을 월 俎** : 도마 조 代 : 대신할 대 庖*** : 부엌 포

▤ 뜻풀이

월권행위를 하다. 주제 넘게 나서서 남의 일을 대신 해준다는 의미이다.

사진출처 : 百度网

▤ 출전

《장자庄子·소요유逍遥游》에서는 "요리사가 요리를 못한다고 제례를
올리는 사람이 요리사를 대신해서 요리를 할 수 없는 것 아니오!"라고
하였다.

---

* 월越 : 넘다.

** 조俎 : 고대 제사 때 제물을 차리는 예기.

*** 포庖 : 요리사.

《庄子·逍遥游》。原文说"庖人虽不治庖，尸祝不越樽俎而代之矣。"

역사유래

중국에서 전해 내려오는 전설 중에 당요唐尧라는 걸출한 지도자가 있었다. 당요의 지도 아래 백성들은 즐겁게 일하고 편안한 삶을 살고 있었다. 매우 겸손했던 당요는 은사 허유许由가 재능이 있다는 말을 듣고 허유에게 지도권을 넘겨주려 했다.

당요가 허유에게 말하기를, "해와 달이 드러났는데 횃불을 끄지 않는다면 그 횃불의 밝기는 해, 달과 비교할 때 참으로 의미 없는 것 아니오! 적절한 시기에 비가 내려주었건만 여전히 논에 물을 대어 논을 윤택하게 하는 것은 공연히 쓸데없는 짓을 하는 것이 아니겠소! 허유 당신이 지도자가 되면 천하天下를 더욱 잘 다스릴 수 있을 것이요. 내가 자리만 차지하고 있는 것이 무슨 의미가 있겠소! 나는 내 부족함을 잘 알고 있으니 당신이 천하를 맡아주시오."라고 하였다.

허유가 대답하기를, "당신이 이미 천하를 맡아서 잘 다스리고 있는데 만약 내가 그 자리를 맡는다면 억지로 명예를 추구하는 행위와 같지 않소? 명名이란(명예, 지위) 실제의 객과 같은 것이니 나더러 허실을 추구하라는 말이요? 즉 껍데기가 되란 말 아니오. 굴뚝새가 둥지를 트는 곳은 어느 숲속 나뭇가지 위일 뿐이고, 두더지가 강에 물을 마시는 것은 기껏 자신의 배를 채우는 정도에 불과하오. 나에게 천하는 아무런 소용이 없는 것이요. 요리사가 요리를 잘 못한다고 제례를 올리는 사람이 요리사를 대신해서 요리를 할 수는 없는 것은 아니오!"라고 하였다.

在中华民族的历史传说中，有一位杰出的领袖叫唐尧。在唐尧领导下，人民安居乐业。唐尧很谦虚，当他听说隐士许由很有才能，就想把领导权让给许由。唐尧对许由说："日月出来之后还不熄灭烛火，它和日月比起光亮来，不是太没有意义了吗？及时雨普降之后还去灌溉，对于润泽禾苗不是徒劳吗？您如果担任领袖，一定会把天下治理得更好，我占着这个位置还有什么意思呢？我觉得很惭愧，请允许我把天下交给您来治理。"

许由说："您治理天下，已经治理得很好了。我如果再来代替你，不是沽名钓誉吗？我现在自食其力，要那些虚名干什么？鹪鹩在森林里筑巢，也不过占一棵树枝；鼹鼠喝黄河里的水，不过喝饱自己的肚皮。天下对我又有什么用呢？算了吧，厨师就是不做祭祀用的饭菜，管祭祀的人也不能越位来代替他下厨房做菜。"

不入虎穴, 焉得虎子
bú rù hǔ xué, yān dé hǔ zǐ

한자풀이

不 : 아닐 부 入 : 들 입 虎 : 범 호 穴 : 구멍 혈 焉 : 어찌 언
得 : 얻을 득 子 : 아들 자

뜻풀이

　어려움을 겪지 않고는 성공할 수 없다. 호랑이 굴에 들어가지 않고 호랑이 새끼를 잡을 수 없다. 실천을 통하여 참된 지식을 얻어야 한다는 의미로 쓰이기도 한다.

사진출처 : 百度网

출전

　모택동毛泽东《실천론实践论》에서 중국인들의 속담에 '호랑이 굴에 들어가지 않고는 호랑이 새끼를 잡을 수 없다.'라는 말은 사람의 실천이 곧 진리이며 인식론에서도 진리라고 하였다.

채동번蔡东藩《청사연의清史演义》제3회에서 만주满洲 태조太祖는 건국 후 병사를 불러 무기를 늘리고 매일 훈고训故(훈계하다)하며, 황색, 붉은색, 남색, 흰색 네 개 깃발 외에 황색, 붉은색을 입히고, 흰색, 남색을 입혀 네 깃발을 더 달았다. 모두 여덟 깃발로 좌우로 나누어 만들었고 2년 넘게 준비하였다. 마음을 굳게 먹고 출발하여 호랑이 굴에 들어가지 않고는 호랑이 새끼를 잡을 수 없다는 마음으로 욕심을 버리고 화합하여 먼저 명나라를 공격하는 것이 낫다고 여겼다. 하늘의 뜻에 따라 3년 4개월을 넘게 지내며 날을 택하고 맹세하여 명나라를 공격하기로 결의하였다.

毛泽东《实践论》："中国人有一句老话：'不入虎穴，焉得虎子。'这句话对人们的实践是真理，对于认识论也是真理。"

蔡东藩《清史演义》第三回："单说满洲太祖，自建国改元后，招兵添械，日事训故，除黄红蓝白四旗外，加了镶黄镶红镶白镶蓝四旗，共成八旗，分作左右两翼，准备了两年有余，锐意出发，他想不入虎穴，焉得虎子，欲灭叶赫，不如先攻明朝，遂于天命三年四月，择日誓师，决意攻明。"

🏛 역사유래

영평永平 16년十六年, 봉차도위奉车都尉(관명官名, 황제가 타는 말을 관리하는 직책)를 데리고 두고窦固는 병사를 이끌고 흉노를 공격했다. 두고窦固는 반초班超를 사마司马(본디 무관)로 대신 임명하고 한 군대를 이끌고 이오伊吾(현 신강 합밀시今新疆哈密市)를 공격하게 했다. 쌍방은 포류해蒲类海(서역의 국명)에서 교전하여 많은 수급首级(전쟁에서 베어 온 적군의 목)을 베어 돌아왔다. 두고는 그가 매우 재간才干 있다고 여겨 그와 종사从事(관명官名, 주자사적좌리州刺史的佐吏 : 지방 장관을 보좌하는 관리)인 곽순郭恂을 서역에 파견하였다. 반초가 선선국鄯善国에 왔을 때, 선선국왕鄯善国王은 처음에는 그들에게 예의를 갖춰 대접하더니 갑자기 소원해지고 나태해졌다.

반초가 수행원에게 말하기를, "어찌 극진하던 예절이 냉대해진 것인가? 이것은 틀림없이 흉노족의 사절이 이곳에 있는 것이며 그가 주저하는 것은 누구에게 복종해야 할 지 몰랐기 때문이다. 예리한 사람은 아직 싹트지 않는 싹을 볼 수 있다 하니 하물며 이미 뚜렷하지 않은가?"라고 하였다. 그래서 한사汉使를 모시는 산산사람鄯善人을 불러 몰래 "흉노의 사절이 온 지 며칠이 지났는데 지금 어디에 사는지 있는가?"라고 물었다. 시자侍者(시중을 드는 사람)는 당황하고 두려워하면서 반초가 말한 상황을 전부 말하였다. 반초는 이들을 감금하고 그와 함께 사절로 나간 36명을 모두 불러 함께 술을 마셨다. 속이 후련해하며 "너희와 나는 모두 아주 먼 곳에 있으니, 큰 공을 세워서 부귀영화를 얻으려 한다. 그런데 지금은 흉노의 사절이 온 지 며칠 밖에 안 되는데 선선국왕鄯善国王의 우리에 대한 극진한 예우는 사라졌다. 만일 선선왕이 우리를 흉노에게 묶어 보내게 한다면 우리의 시체는 늑대의 먹이가 될 것이다. 이러한 상황에서 어떻게 할 것인가?"라고 하니 수행원 모두가 "우리는 지금 위기의 순간에 처해 있으니, 저희의 생사生死는 사마司马의 결정에 따르겠나이다!"하며 모두 답하였다.

반초班超가 말하기를, "호랑이 굴에 들어가지 않으면 호랑이 새끼를 잡지 못한다. 현재의 방법은 오직 밤을 지새워 불을 이용하여 흉노 사절을 공격하는 수밖에 없다. 그들은 우리에게 몇 사람이 있는지 모르니 기필코 큰 공포를 느끼게 될 것이다. 모두 없애버리자! 만약 이 사람들을 없애면 선선왕鄯善王ㅏ의 간담은 서늘해질 것이며, 우리는 큰 공로를 세울 수 있을 것이다."라고 말하였다. 여러 사람이 제의하기를, "마땅히 곽종사郭从事와 한 번 논의를 해보자."하였고, 반초는 화를 내며 "길흉은 오늘 한 번의 행동으로 결정된다. 곽종사는 평범한 문관 출신으로 이 일을 들으면

겁이 나서 계획이 탄로 날 수밖에 없다. 우리가 죽어서 명성을 쌓지 못하면 장사壯士가 되지 않는다."라고 하자, 모두들 "좋습니다!"라고 외쳤다.

날이 어두워지자 반초는 병사들을 이끌고 흉노 사절의 주둔지를 급습했다. 마침 그날 바람이 세차게 불어 반초는 열 명에게 군고軍鼓(군대에서 사용하는 북)를 들고 흉노 사절의 집에 숨겨달라고 부탁한 뒤, "불길이 타오르는 것을 보면 북을 치고 소리쳐야 한다."고 약속하였다. 나머지 사람들은 모두 칼과 활을 들고 문 양쪽에 매복하였다. 이에 반초는 순풍에 불을 지피고 앞뒤로 북을 치며 소리치자 흉노들은 놀라서 허둥지둥하였다. 반초는 직접 세 명을 죽이고 장관과 병사들이 흉노 사절과 추종자들 삼십여 명을 죽였으며, 나머지 백여 명은 불에 타서 죽었다. 다음날에 돌아가 곽순에게 이 사실을 알렸다. 곽순은 놀라서 잠시 생각한 뒤 얼굴빛이 바뀌자 반초는 그의 속마음을 꿰뚫어 보고는 손을 들며 말하기를, "당신은 비록 같이 행하지는 않았지만, 반초가 어찌 공로를 독차지하겠나이까?"라고 하니 곽순이 기뻐하였다.

이에 반초는 선선왕광鄯善王广의 초청을 받아 흉노 사절의 머리를 그에게 보여주었고, 온 나라는 공포에 떨었다. 반초는 그를 위로하면서 왕자를 인질로 삼았다. 많은 사람이 돌아가서 두고竇固에게 상황을 보고하였다. 두고는 매우 기뻐하며 조정에 반초의 공로를 상세히 보고하고, 다른 사자를 서역으로 파견할 것을 청했다. 한漢 명제明帝는 반초의 절개를 칭송하면서 두고에게 "반초 같은 사신이 있는데 왜 그를 보내지 않고 다른 사람을 뽑으려 하느냐."라고 하니 그는 "반초가 군사마軍司马(한나라 대장군의 속관)로 임명돼 (비슷한)이전 공로를 인정받게 되었습니다."고 하였다. 반초는 또 한 번 더 명을 받았다. 두고는 그의 말을 늘려주고자 했고, 반초는 "원래 나를 함께 따르는 삼십여 명 정도만 준다면 충분하다. 사변事变(변란)을 예상하지 못하면 사람이 많아 오히려 짐이 된다."라고 하였다.

永平十六年，奉车都尉(官名，掌管皇帝所乘车马)窦固带兵出击匈奴，任命班超为代理司马，让他率领一支军队另外攻打伊吾(地名，在今新疆哈密市)。双方交战于蒲类海(西域国名)，斩得很多首级回来。窦固认为他很有才干，派遣他与从事(官名，州刺史的佐吏)郭恂一起出使西域。班超到了鄯善国，鄯善国王广接待他们的礼节非常完备，而后忽然变得疏远懈怠。

班超对他的随从人员说："可觉察到广的礼节变得淡漠了么？这一定是有匈奴使者到来，使他犹豫不决，不知道该服从谁好的缘故。目光锐利的人能看到未曾萌生的苗头，何况已经很明显了呢？"于是唤来一个服侍汉使的鄯善人，用话套取(真情)他说："我知道匈奴的使者来好些天了，现在住在哪里？"这侍者一慌张害怕，全部承认班超所揭示的情况。班超于是关押了这个侍从，全部召会与他一起出使的三十六个人，与大家一同喝酒。等喝到非常痛快的时候，顺势用话煽动他们说："你们诸位与我都身处极边远的地方，要想通过立大功求得富贵荣华。现在匈奴的使者来了才几天(裁：通"才"，仅仅)，而鄯善国王广对我们的礼待就废弃；如果让鄯善王把我们缚送到匈奴去，我们的尸骨将成为豺狼口中的食物了。对这情况怎么办呢？"随从都说："我们现在身处危亡境地，生死听从司马决定！"

班超说："不入虎穴，不得虎子。现在的办法，只有乘夜晚用火进攻匈奴使者。他们不知我们有多少人，必定大感震惊恐怖，可以消灭光了！只要消灭这些人，鄯善王广就会吓破胆，我们大功就告成了。"众人提议道："应当和郭从事商量一下。"班超发怒地说："吉凶决定于今日一举；郭从事是个平庸的文官，听到这事必定会因为害怕而使计划暴露，我们死而成就不了声名，就不是壮士了。"大家说："好"。天一黑，班超就带领兵士奔袭匈奴使者营地。正好当天刮大风，班超吩咐十个人拿了军鼓隐藏在匈奴使者屋后，约定说："见到火焰燃烧，都应播鼓大声呼喊。"

其余人都带上刀剑弓弩，埋伏在门的两旁。班超于是顺风点火，前后擂鼓呼喊，匈奴人一片惊慌。班超亲手击杀三人，官兵斩杀匈奴使者及随从人员三十多颗头，剩余一百多人都被烧死。次日，才回去告诉郭恂。郭恂大惊，一会儿(由于思路变换而)脸色改变，班超看透他的心思，举手说："你(掾：属官的统称)虽未一起行动，但我班超又怎么忍心独揽(功劳)呢？"郭恂于是高兴起来。

班超于是把鄯善王广请来，将匈奴使者的头给他看，举国震恐。班超明白地告诉、又安抚宽慰他，于是(鄯善王)交纳王子作为人质。众人回去向窦固汇报。窦固十分高兴，详细向朝廷报告班超的功劳，并请求另行选派使者出使西域。汉明帝赞许班超的节概，下达指令对窦固说："像班超这样的使臣，为什么不派遣他，而要另选别人呢？现在任命班超作为军司马(汉代大将军的属官)，让他完成(类似)先前的功劳。"班超再次接受使命，窦固想增加他的人马，班超说道："希望给予原本跟从我的三十余人就足够了。如果有预料不到(的事变)，人多反而成为累赘。"

(摘自：范晔《后汉书·班超传》白话译文)

对牛弹琴
duì niú tán qín

한자풀이

对 : 대할 대 **牛** : 소 우 **弹** : 탄알 탄 **琴** : 거문고 금

뜻풀이

소 귀에 거문고를 켜다(=소 귀에 경 읽기). 도리를 모르는 사람이 도리를 중시한다는 것을 비유한다. 사람이 말할 때 상대를 보지 않는 것을 비꼬는 데도 사용된다. 어떠한 말이나 일에 주의를 기울이게 할 때 사용하는 방법이기도 하다.

사진출처 : 百度网

역사유래

《장자庄子 · 제물론齐物论》에서 "밝혀질 것이 아닌 것을 가지고 남들에게 밝히려 했기 때문에 견백론이란 어리석음과 같은 결말이 된 것이다."라고 하였다.

진晉나라 곽상주郭象注는 "마치 소에게 경 읽히는 것과 같이 그는 결국 잘 알지 못하므로 자신의 도술은 결국 명백하지 못하다."라고 하였다.

고대古代에 거문고를 연주하는 고수를 공명의公明仪라고 하였다. 그는 소에게 《청각清角》이라는 곡을 거문고로 연주했다. 소가 고개를 숙이고 풀을 뜯는 것이 마치 아무 소리도 듣지 못한 것 같았다. 소가 듣지 못한

것이 아니라 이 아름다운 곡이 소의 귀에는 맞지 않은 것뿐이었다.

공명의는 다시 곡조를 바꿔 모기떼가 윙윙거리는 소리와 외로운 송아지 울음소리를 연주했다. 소는 듣고 곧 꼬리를 흔들고 귀를 쫑긋 세우고 불안해서 작은 걸음으로 움직였다고 한다.

《庄子·齐物论》中说"彼非所明而明之，故以坚白之昧终"，晋人郭象注"是犹对牛鼓簧耳，彼竟不明，故己之道术终于昧然也。"

译文：

古代有个弹琴能手叫公明仪，他对牛弹奏一首名叫《清角》的琴曲，牛低着头吃草，就好像没听见任何声音一样。不是牛没有听见，是这美妙的曲子不适合牛的耳朵而已。

公明仪于是变换曲调，弹奏出一群蚊虻的嗡嗡声，还有一只孤独小牛的哞哞叫声。牛听了，马上摇动尾巴，竖起耳朵，因为不安而小步来回走动。

보충

이 고사성어는 어떤 일을 하든지 반드시 대상을 잘 파악해야한다는 뜻으로 사람과 일에 따라 알맞게 처리해야 한다는 의미로 사용한다. 후세 사람들은 소에게 거문고를 켠다는 고사성어를 도리를 모르는 문외한 사람에게 높은 도리를 말하는 것은 헛된 일이라고 해석하기도 했다.

"소귀에 경 읽기"라는 고사성어는 상대를 비꼬는 말투이므로 인용할 때 반드시 대상을 구별해서 써야 한다.

这个成语用以说明了办任何事情，都必须看对象．因人制宜．因事制的道理。后人用"对牛弹琴"这个成语，比喻向不懂道理的外行人讲高深道理是徒劳的。

"对牛弹琴"这个成语，因为带有讥讽对方的口气，所以引用时必须区别对象。对于某些顽固的人来说，同他们讲道理，有时确实是"对牛弹琴"，白费劲儿。

瓜田李下
guā tián lǐ xià

🏛 **한자풀이**

瓜 : 오이 과 田 : 밭 전 李 : 오얏 리 下 : 아래 하

🏛 **뜻풀이**

오이 밭을 지날 때는 웅크려 앉아 신을 고쳐 신지 말고, 오얏 정원 아래에서는 갓을 고쳐 쓰지 말라. 불필요한 행동을 하여 다른 사람에게 오해받지 말아라. 또 오해를 사기 쉽고 옳고 그름을 판단하기 어려운 장소에서는 다른 사람과 잡담을 하지 않는 것이 낫다는 의미로도 쓰인다.

사진출처 : 百度网

🏛 **출전**

한汉 나라 악부乐府《군자행君子行》에서 "군자는 미연에 방지하여 의심을 받을 만한 곳에 처하지 않는다. 오이 밭에서는 신발을 고쳐 신지 않고, 오얏 나무 아래에서 갓을 바르게 하지 않는다."라고 하였다.

汉乐府《君子行》: "君子防未然, 不处 嫌疑间。瓜田不纳 履, 李下不整冠。"

군자君子에 대해 지은 것으로 자신을 의심받을 상황에 두지 말라는 것이다. 자고로 군자란, 남의 오이 밭을 지나면서 신발을 떨구더라도 주워서 신지 말고, 남의 집 오얏 나무 아래를 지나가는 데 갓이 비뚤어지더라도 고쳐 쓰지 말라는 뜻이다.

作为君子，不要将自身处于遭人嫌疑的境地。从人家瓜田边经过，即使鞋子掉了，也不要去捡起来穿上，在别人家的李树下经过，即使帽子歪了，也不要去整理。

授人以鱼, 不如授人以渔
shòu rén yǐ yú, bù rú shòu rén yǐ yú

한자풀이

授 : 줄 수 人 : 사람 인 以 : 써 이 鱼 : 물고기 어 不 : 아닐 부

如 : 같을 여 渔 : 고기 잡을 어

뜻풀이

물고기를 잡아주기보다는 잡는 법을 가르쳐주어야 한다. 지식을 알려주는 것보다 배우는 법을 알려주는 것이 낫다는 의미이다.

사진출처 : 百度网

출전

《회남자淮南子·설림훈说林训》에서 "강에 가서 물고기를 탐내는 것은 집에 가서 그물을 짜는 것만 못하다."라고 하였다.

《한서汉书·동중서전董仲舒传》에서 "그러므로 한나라가 천하를 얻은 이래로 늘 천하를 잘 다스리고자 하였으나, 아직도 잘 다스리지 못하는 이

유는 개혁해야 할 때 제대로 하지 못했기 때문이다. 옛 사람들의 말에 의하면, "강에 가서 물고기를 탐내는 것은 집에 가서 그물을 짜는 것만 못하다."라고 하였다.

《淮南子·说林训》: "临河而羡鱼, 不如归家织网。"
《汉书·董仲舒传》: "故汉得天下以来, 常欲治而至今不可善治者, 失之于当更化而不更化也。古人有言曰：'临渊羡鱼, 不如退而结网。'"

🏛 보충

사람에게 지식을 전달하기 보다는 지식을 배우는 방법을 전수해야 한다는 것이다. 이 말의 이치는 아주 간단하다.

물고기는 목적이고 낚시는 수단이다. 한 마리 물고기는 한 때의 굶주림을 해결할 수 있겠지만, 오랜 굶주림을 해결 하지는 못한다. 만약 영원히 물고기를 먹고 싶다면, 낚시하는 방법부터 배워야한다는 것이다.

"授人以鱼不如授人以渔", 讲述的是传授给人知识, 不如传授给人学习知识的方法。道理很简单, 鱼是目的, 钓鱼是手段, 一条鱼能解一时之饥, 却不能解长久之饥, 如果想永远有鱼吃, 那就要学会钓鱼的方法。

忙里偷闲
máng lǐ tōu xián

한자풀이

忙 : 바쁠 망　里 : 속 리　偷 : 훔칠 투　闲 : 한가할 한

뜻풀이

바쁜 와중에도 틈을 내어 여유로운 시간을 만들다.

사진출처 : 百度网

출전

　송宋·황정견黄庭坚의 《화답조영동전운和答赵令同前韵》에서 "인생의 정치에는 여유가 없다. 바쁜 가운데 몇 번 한가한 때를 가진다."라고 하였다.

　청清·이여진李汝珍의 《경화연镜花缘》 제49회에서 "알고 보니 누이동생이 폭포를 보러 갔구나. 가히 '바쁜 가운데 틈을 냈다.'고 할 수 있다."라고 하였다.

　《성세인연전醒世姻缘传》 제62회에서 "이렇게 그를 단속하다가는 한시

도 쉴 겨를이 없고 행복한 마음도 없을 것이다. 그는 또 바쁜 와중에도 짬을 내어 고생 속에서도 즐거움을 즐기면서 협곡을 피하고 마음을 가라앉히려 어디든 가고 만다."라고 하였다.

宋·黄庭坚《和答赵令同前韵》："人生政自无闲暇，忙里偷闲得几回。"

清·李汝珍《镜花缘》第四十九回："原来阿妹去看瀑布，可谓'忙里偷闲'了。"

《醒世姻缘传》第六二回："饶你这般管教他，真是没有一刻的闲空工夫，没有一些快乐的肠肚；他还要忙里偷闲，苦中作乐，使促狭，弄低心，无所不至。"

🏛 보충

"잔꾀偸懶"도 지혜라고?

황정견黃庭堅은 북송北宋시기의 저명한 문학가이고 서예가이다. 그의 삶은 순탄치만은 않았고, 사람들의 비방으로 외진 검주黔州(현 귀주贵州省성)와 의주宜州(현 광서广西 중부)로 좌천되었다. 앞날은 아직 모르지만 황정견黃庭堅은 전혀 개의치 않았다. 거처가 심하게 망가져도 여전히 태연하게 받아들였다. 그는 정치적 역풍 속에서 몇 차례 흥망성쇠를 겪으면서 항상 소탈하고 평정한 마음으로 얻음과 잃음을 대하였다.

황정견黃庭堅이 지은 시에서 "인생의 정치에는 여유가 없다. 바쁜 가운데 몇 번 한가한 때를 가진다人生政自无闲暇, 忙里偷闲得几回."라는 구절이 나온 것이다. '틈을 내다偷闲'라는 이 두 글자에는 옛 사람들의 지혜를 엿볼 수 있으며, 문인들의 정취와 우아함을 구체적인 이미지로 표현한 것을 볼 수 있다. 비록 마음에 천하를 품고 있어 포부는 원대하지만, 바쁜 가운데 잠시 틈을 내어 쉬어가라는 것이다.

"偷懒"也是智慧?

黄庭坚是我国北宋时期著名的文学家和书法家。他的一生仕途不顺,被人诋毁,先后被贬黜至偏远的黔州与宜州。在这种前途未卜的时候,黄庭坚却毫不在意;住所破败不堪,也依然可以坦然接受。他在政治风暴中几经沉浮,始终以洒脱平静的心态面对荣辱得失。

黄庭坚曾作诗"人生政自无闲暇,忙里偷闲得几回",忙里偷闲这个成语便出自于此。从"偷闲"这两个字可以看出古人的智慧,它非常形象地体现了文人的一种情怀和雅趣,虽然胸怀天下,立志高远,但是还要忙里偷闲,张弛有度。

虎头蛇尾
hǔ tóu shé wěi

虎 : 범 호 头 : 머리 두 蛇 : 긴 뱀 사 尾 : 꼬리 미

🏛 뜻풀이

　처음은 좋으나 끝이 좋지 않다. 머리는 호랑
이처럼 크고 꼬리는 뱀처럼 가늘다. 처음에는 기
세가 매우 세나 나중에는 힘이 매우 작고 약하
다. 시작이 있으나 끝이 없고 일하는 것이 한결
같지 않다라는 의미이다. 지금은 일을 대충대충
한다는 뜻으로도 쓰인다.

사진출처 : 百度网

🏛 출전

　원元·강진지康进之의 《이규부극李逵负棘》 제3절에서 "당신은 양쪽에
말을 옮겨 싸움을 부추기고 뒤 돌아서서 다른 말을 하니 늑대와 같은 행
동을 행하는구나. 처음은 좋으나 끝이 좋지 않네."라고 하였다.

　元·康进之《李逵负棘》第二折 : "则为你两头白面搬兴废, 转背言
词说是非, 这厮狗行狼心, 虎头蛇尾。"

🏛 보충

　청대清代에는 정치가 매우 부패하여 돈만 있으면 관직을 살 수 있었다.

경성京城의 지사 나리老爷(청대清代에 주·현지사를 높여 부르던 말)가 황제에게 관리의 이치吏治(수령의 치적)를 정리할 것을 청하였다. 황제의 명을 받은 호남湖南지방 행정 장관巡抚은 즉시 수하의 문무, 모든 관리들에게 시험을 치르게 하고 대리시험으로 들어온 사람을 찾아 즉시 참수형을 내리겠다고 공표하였다. 그러나 시험 현장에서 그의 둘째 아들을 잡아냈고, 이 일은 호두사미虎头蛇尾 밖에 되지 않았다.

清朝时期, 官场十分腐败, 只要有钱就可以捐官。京城的都老爷给皇上上奏折要求整顿吏治。湖南巡抚接到皇上的指令, 立即组织手下的文武百官进行考试, 并声言对请人代考的人斩立决, 当场抓了他二少爷的枪手, 此事就只好虎头蛇尾了。

부록

역사연대표

중국 역사 연대표는 역사적 주요 사건을 제시함으로써 본 책에 담긴 용어의 시대적 배경을 이해하고 역사적 흐름을 파악할 수 있도록 구성하였다.

연대	왕조 이름	주요 역사 사건 / 용어
신화시대 神話時代	삼황오제 三皇五帝	삼황三皇 : 복희씨伏羲氏, 신농씨神農氏, 여와씨女媧氏 오제五帝 : 황제헌원黃帝軒轅, 전욱고양顓頊高陽, 제곡고신帝嚳高辛, 제요방훈帝堯 放勳, 제순중화帝舜重華
		夸父逐日
B.C. 2100-1600경	하夏	B.C. 약 2000 중국 최초의 역사왕조 하夏왕조까지는 문자 기록 없는 전설 속 중국 역사 우禹 임금을 시조로 성립 B.C. 약 1600 폭군 걸왕桀王 때 멸망함
B.C. 1600-1100경	상商=은殷	B.C. 약 1600 탕왕湯王이 세운 왕조 B.C. 약 1400 도읍을 은허殷墟로 옮긴 후 은殷으로 불렸으나 현재는 상商나라로 통일하여 부름 중국 고대 역사에 실재實在한 최고最古의 왕조 국가 갑골문자(은허문자) 폭군 주왕紂王 때 주무왕周武王에 의해 멸망함
B.C. 1046-771경	주周	B.C. 1046 주周왕조 성립 호경鎬京, 현재 협서성陝西省 서안西安 도읍으로 정함
		厚德載物 / 満腹经纶 / 明哲保身
B.C. 770-403경	동주東周 춘추春秋 시대	B.C. 770 평왕平王 주周왕조 세움, 동주東周 성립 도읍은 낙읍洛邑(현재 하남성河南省 낙양洛陽)으로 함 B.C. 679 제환공齊桓公 패자에 오름 B.C. 632 진문공晉文公 천토에서 제후를 회합하여 패자가 됨 B.C. 606 초장왕楚莊王 육혼의 융戎 정벌 B.C. 552 공자 출생 B.C. 496 오왕吳王 합려闔閭가 월越에 패해 죽고, 부차夫差가 뒤를 이음 B.C. 474 오왕吳王 부차夫差가 월왕越王 구천勾踐 대파 B.C. 473 월왕越王 구천勾踐, 오吳나라 멸망시킴 　* 춘추오패春秋五霸 : 제환공齊桓公, 진문공晉文公, 진목공秦穆公, 송양공 　宋襄公, 초장왕楚莊王 B.C. 453 진晉의 3대부 한위조韓魏趙가 자백知伯을 멸망시키고 진晉을 삼분하여 독립
		不耻下问 / 虚怀若谷 / 大智若愚 / 卧薪尝胆 / 废寝忘食 / 遇人不淑 / 相敬如宾 / 患得患失 / 尔虞我诈 / 沉鱼落雁 / 天长地久 / 天网恢恢

연대	왕조 이름	주요 역사 사건 / 용어
B.C. 403-221경	전국戰國 시대	B.C. 403 한위조韓魏趙가 제후로 주 왕실에 인정, 진晉의 대부 위사魏斯, 조적趙 籍, 한호韓虎 각각 자립(전국시대 시작) B.C. 359 진秦 효공孝公 상앙변법商鞅變法시행, 진秦의 개혁 시작 B.C. 333 소진蘇秦의 합종책合縱策 성립, 6국 연합 B.C. 256 진秦 소양왕昭襄王 동주 멸함 B.C. 246 진왕秦王 정政(秦始皇) 즉위
		见贤思齐 / 三人行, 必有我师 / 中庸之道 / 锲而不舍 / 买椟还珠 / 沽名钓誉 / 邯郸学步 / 颔下之珠 / 良药苦口 / 越俎代庖 / 对牛弹琴 / 井底之蛙 / 开源节流 / 螳臂当车 / 亡羊补牢 / 一曝十寒
B.C. 221-202	진秦	B.C. 221 제齊를 멸망시키고 시황제 중국을 최초로 통일, 군현제실시, 도량형· 화폐제도 통일 B.C. 214 만리장성 건설 시작 B.C. 213-212 분서갱유焚書坑儒 B.C. 210 시황제 사망 B.C. 208-209 항우項羽·유방劉邦 거병
		孟姜女哭长城
B.C. 202 -A.D. 9	한漢 [전한前漢]	B.C. 202 유방劉邦의 한漢군 항우項羽를 격파(해하전투垓下戰鬪), 유방 황제 즉위, 한漢 성립 B.C. 200 장안長安으로 천도함 　　　　 한漢 고조高祖 사망, 혜제惠帝 즉위, 여후呂后 실권 장악 B.C. 154 오초칠국의 난吳楚七國之亂 B.C. 140 무제武帝 즉위 B.C. 141 무제武帝, 연호를 처음 제정함 B.C. 126 장건張騫, 서역에서 귀환, 비단길 개척 B.C. 110 무제武帝, 평준법平準法 시행 B.C. 97 사마천司馬遷 《사기史記》완성 B.C. 33 왕소군王昭君, 흉노의 호한야선우呼韓邪單于에게 시집감 B.C. 1 불교 전래, 왕망王莽 실권 장악 8　　　 왕망王莽, 스스로 신新의 황제라 칭하고 황제의 자리에 오름
		负荆请罪 / 凿壁偷光 / 肝胆相照 / 瓜田李下 / 授人以鱼, 不如授人以渔

연대	왕조 이름	주요 역사 사건 / 용어
A.D. 8-25	신新	9 국호를 신新으로 정하고 한漢의 제도 변경, 신新나라 세움 23 왕망王莽 살해당함, 신新 멸망
A.D. 25-220	한漢 [후한後漢]	14 황제 195년간 존속 　 낙양洛陽으로 수도를 동쪽으로 옮겨 동한東漢이라 함 25 유수劉秀, 광무제光武帝로 즉위, 후한後漢 성립 36 광무제, 공손술公孫述을 토벌하고 촉蜀을 평정하여 천하 통일 57 광무제 사망, 명제明帝 즉위 73 반초班超, 서역 원정 105 채륜蔡倫, 종이발명 166 제1차 당고의 화黨錮之禍, 서주에서 반란 발생 169 제2차 당고의 화 184 황건적의 난黃巾賊-亂. 조조曹操, 우두머리 장각張角 죽임 189 동탁董卓의 난 200 조조, 원소袁紹를 관도官渡에서 격파官渡大戰, 화북제패 208 조조, 적벽에서 유비劉備·손권孫權 연합군에 패배 220 조조 사망. 아들 조비曹丕가 헌제獻帝 폐위, 낙양을 수도로 위魏 건국, 후한 멸망
		比翼双飞 / 举案齐眉 / 水滴石穿 / 不入虎穴, 焉得虎子
A.D. 220-265	삼국三國 [위魏· 촉한蜀漢· 오吳]	220 조비曹丕, 문제文帝로 등극, 위魏 성립 221 유비劉備, 촉한蜀漢 건국 229 손권孫權, 오吳 건국, 위魏·촉蜀·오吳 삼국 성립 234 촉蜀의 제갈공명諸葛孔明 오장원에서 사망 249 위魏의 사마의司馬懿 쿠데타 일으킴, 요동 공손씨公孫氏 사망 265 사마염司馬炎, 위魏 멸망시키고 진西晉 수립
		鞠躬尽瘁 / 东山再起
A.D. 265-420	진晉	* 서진西晉 : A.D. 265-317, 수도는 낙양, A.D. 280년 오吳나라를 끝으로 삼국을 평정하고 통일을 이룸 * 동진東晉 : A.D. 317-420, 수도는 건강建康, 현재 남경南京, 후에 남조南朝의 송宋·제齊·양梁·진陳으로 이어짐 265 사마염司馬炎, 무제武帝로 즉위, 진晉 건국 280 진晉나라 오吳를 멸망시키고 중국 통일 300 팔왕의 난八王之亂 시작(~306)

연대	왕조 이름	주요 역사 사건 / 용어
		304 북방 이민족 화북 진출, 5호16국五胡十六國시대(~439)
		311 한의 유요劉曜, 낙양함락, 영가의 난永嘉之亂
		316 유요劉曜, 장안을 함락하고 진晉을 멸망, 서진西晉 멸망
		317 사마예司馬睿, 원제元帝로 즉위, 동진東晉 성립
		376 전진의 부견符堅, 화북 통일
		383 전진의 부견符堅, 남정 시도, 동진군에 패배, 비수肥水의 전투
		384 선비족 척발규拓跋珪, 국호 후연後燕을 북위北魏로 고침
		402 환현桓玄, 반란을 일으켜 동진東晉 제위 찬탈, 동진東晉 멸망
		闻鸡起舞 / 咄咄逼人 / 草木皆兵 / 风声鹤唳 / 鹤立鸡群
A.D. 420-589	남북조 南北朝	420 유유劉裕, 무제武帝로 등극, 송宋 건국
		439 북위北魏 태무제太武帝, 화북 통일
		479 소도성蕭道成, 송宋을 멸망시키고 제齊 건국, 고제高帝 등극
		502 소연蕭衍, 제齊를 멸망시키고 양梁 건국, 무제武帝로 등극
		534 고환高歡, 효정제孝靜帝 옹립, 북위北魏 멸망, 동위東魏성립
		535 우문태宇文泰, 문제文帝를 추대하고 서위西魏 건국
		550 고양高洋, 동위東魏 멸망 북제北齊 건국, 문선제文宣帝로 등극
		557 우문각宇文覺, 북주北周 건국, 효민제孝閔帝로 등극
		557 진패선陳霸先, 양梁을 멸망 진陳 건국, 무제武帝로 등극
		577 북주北周, 북제北齊를 멸망시키고 화북華北 통일
		581 양견楊堅, 북주北周 멸망시키고 수隋 건국, 문제文帝로 등극
A.D. 581-618	수隋	589 수문제隋文帝, 진陳 멸망시키고 남북조南北朝 통일
		604 태자 양광楊廣, 부父 문제文帝를 시해하고 즉위, 양제煬帝로 등극
		611 양제煬帝, 고구려 친정, 이후 2차(613, 614) 원정도 실패
		618 양제煬帝 살해당함, 수隋 멸망
A.D. 618-907년	당唐	618 이연李淵, 당唐 건국
		626 현무문의 변玄武門之變, 이세민李世民이 형 이건성李建成(태자), 아우 원길李 元吉 살해, 고조 퇴위 후 태종太宗으로 즉위
		628 당唐 통일 완성, 거란은 당에 복속
		645 태종太宗, 고구려 원정(안시성 싸움)
		690 측천무후則天武后, 예종睿宗 폐위, 국호를 주周로 고침, 무주의 치武周之治라 고도 함.

연대	왕조 이름	주요 역사 사건 / 용어
		705 중종中宗 복위, 국호를 당唐으로 회복
		712 현종玄宗 즉위
		726 '개원의 치開元之治(측천무후의 손자인 당 현종이 통치했던 A.D. 713-741까지 약 28년간의 태평성대)'의 전성기
		745 현종玄宗, 양옥환楊玉環(양귀비楊貴妃)을 귀비로 삼음
		755 안사의 난安史之亂 발발(-763)
		762 이백李白 사망(701-)
		770 두보杜甫 사망(712-)
		819 현종玄宗, 환관에게 살해
		875 황소의 난黃巢之亂 발발
		907 주전충朱全忠, 당唐 멸망시킴
		人面桃花
A.D. 907-960년	5대10국 五代十國	* 당唐이 멸망한 때부터 송宋나라가 중원통일을 이룰 때까지 흥망한 한족의 5개 정통 왕조 및 그 외 10개 나라와 그 시기
		907 주전충朱全忠, 후량後梁(A.D. 907-923, 3대 16년간) 세움, 5대10국 시작(-960)
		916 야율아보기耶律阿保機, 황제 칭함(요遼 태조)
		923 후량後梁 멸망, 후당後唐(A.D. 923-936, 4대 13년 간) 성립
		936 석경당石敬瑭(태조), 거란의 원조 받아 후당 멸망시키고 후진後晉(A.D. 936-947) 건국, 연운16주燕雲十六州 거란에 할양
		946 거란, 후진後晉 멸하고 국명을 요遼로 고친 후 화북 진출
		947 후한後漢 성립
		951 후한 멸망, 후주後周(A.D. 951-960) 성립
A.D. 960-1127	북송北宋	960 조광윤趙匡胤, 후주後周를 멸하고 북송北宋을 세움, 태조로 등극
		972 과거제 정비, 전시 개설
		1004 북송, 요遼와 화의和議 성립, 전연의 맹澶淵之盟
		1028 이원호李元昊, 위구르를 깨뜨리고 김주 점령
		1038 이원호, 서하西夏 건국
		1044 송宋과 서하西夏 화의 성립
		1069 왕안석王安石, 신법新法 시행
		1115 여진女眞의 완안아골타完顏阿骨打, 즉위 후 국호를 금金이라 칭함(-1234)

연대	왕조 이름	주요 역사 사건 / 용어
		1125 금金, 요遼를 멸망시킴 1127 정간의 변靖康之變, 북송北宋 멸망
		程门立雪 / 口蜜腹剑 / 忙里偷闲
A.D. 1127-1279	남송南宋	1127 고종高宗 조구趙構가 강남으로 내려와 임안臨安에 도읍을 정하고 남송南宋을 세움 1141 진회秦檜가 악비岳飛를 체포하여 죽임 1206 테무진, 몽골을 통일하고 칭기즈칸이라 칭함 1219 칭기즈칸의 서정 시작 (-1224) 1227 칭기즈칸, 서하를 멸망시킨 후 귀환하던 중 사망 1234 금, 몽골과 남송의 군대에 공격받아 멸망 1271 몽골의 쿠빌라이, 국호를 대원大元으로 고치고 중원中原을 점령하고 세움
		情人眼里出西施
A.D. 1279-1368	원元	1279 쿠빌라이元世祖 忽必烈, 남송南宋 멸하고 중국 통일, 수도를 몽골고원의 카라코룸에서 대도大都(현재 북경北京)으로 옮김 1313 첫 과거제 시행 1351 홍건적의 난紅巾賊之亂 발생 1367 주원장朱元章, 북벌 시작
		海枯石烂 / 有情人终成眷属 / 虎头蛇尾
A.D. 1368-1644	명明	1368 주원장朱元章, 명明 건국, 태조(홍무제洪武帝)로 등극 1402 연군燕軍, 남경南京 점령, 혜제惠帝 분사하고 연왕燕王 즉위(성조成祖, 영락제永樂帝) 1405 정화鄭和, 남해원정(7회) 시작 1408 《영락대전永樂大典》 완성(1405-) 1573 장거정張居正의 개혁(-1582) 1588 누르하치(노이합적努爾哈赤), 건주建州에서 삼위 통일 1616 누르하치, 후금後金 건국 1636 후금, 국호를 청淸으로 고침 1643 홍타이지(황태극皇太極) 사망, 순치제順治帝 즉위 1644 이자성李自成, 북경에 입성하여 명 멸함

연대	왕조 이름	주요 역사 사건 / 용어
A.D. 1644-1911	청淸	1644 청淸, 북경 입성하여 중국 지배 시작 1661 강희제康熙帝 즉위 1662 남명南明 정권 전멸, 청의 완전한 중국 지배 1673 삼번의 난三藩之亂(-1681) 1722 강희제康熙帝 사망, 옹정제雍正帝 즉위 1735 옹정제雍正帝 사망, 건륭제乾隆帝 즉위, 강희제-건륭제까지 전성기 1740 묘족의 난苗族之亂 1840 아편전쟁 1842 난징조약(남경조약南京條約) 체결 1850 태평천국운동(-1864) 1882 조선으로 청淸·일日 양국 군 출병 1885 프랑스와 톈진조약(천진조약天津條約) 체결 1886 영국과 버마조약 체결 1894 청일전쟁 개시 1895 청일전쟁 패배, 시모노세키조약 체결 1905 쑨원(손문孫文), 중국혁명동맹회 결성 1911 신해혁명辛亥革命 시작, 청淸 멸망
		持之以恒 / 苦心孤诣 / 一见钟情
A.D. 1912-1949	중화민국 中華民國	1912 중화민국 난징 임시정부 수립, 쑨원, 임시 대통령 취임 1914 쑨원, 도쿄에서 중화혁명당 결성, 제1차 세계대전 1919 파리강화회의, 5·4운동, 중국 국민당 발족 1921 중국 공산당 성립, 쑨원, 광동 정부 비상 대통령에 취임 1926 중국 국민당 새 지도자 장제스(장개석蔣介石) 북벌 개시 1931 만주사변 발생, 중화 소비에트 임시정부 서금에 성립 1935 쭌이회의로 마오쩌둥(모택동毛澤東) 중국 공산당 주도권 장악 1937 루거우차오(노구교蘆溝橋) 사건으로 중·일 전쟁 시작 1941 제2차 세계대전 시작 1943 미국·영국·중국 카이로 회담 1945 일본, 포츠담 선언 수락으로 연합군에 무조건 항복 1946 중국 국민당과 중국 공산당 내전 시작
A.D. 1949-	중화인민 공화국 中華人民 共和國	중화인민공화국中華人民共和國 성립

B

C

D

E

F

G

| 지은이 소개 |

배우정襄玗桯

- 창원대학교 학사 졸업, 경희대학교 석·박사 졸업
- 경희대학교 중문과 강사, 장안대학교 관광비즈니스 중문과 강사
- 경희대학교 동아시아 서지문헌연구소 학술연구원

김수현金秀賢

- 북경대학교 학사 졸업, 중경대학교 석사 졸업
- 경희대학교 박사 재학 중
- 前 중경전신전문대학 강사, 중국어교육원 공자학당 강사,
  경희대학교 경영대학원 중문MBA 강사

증무曾茂

- 동국대학교 석사 졸업, 동국대학교 박사 졸업
- 경희대학교 공자학원 강사
- 前 전북과학대학교 조교수, 사천서남항공전문대학 강사

배재석襄宰奭

- 연세대학교 학사 졸업, THE Ohio State University 석사 졸업,
  남경대학교 박사 졸업
- 경희대학교 중문과 교수, 북경대학교 객좌 교수
- 한국중국언어학회 회장, 경희대학교 공자학원 원장,
  국제한국어응용언어학회 부회장
- 주요 논저 :
  『중국언어와 사회』, 「유행어로 살펴본 북경과 상해」,
  「표준중국어의 성조 변화 범위에 관한 연구」,
  「개정7차 중국어 교육과정 기본 어휘에 대한 고찰」,
  「한국 한자어와 중국어 어휘의 어의 형태론적 비교 연구」 등 다수

용어로 보는
중국역사이야기 多樂房

초판 인쇄 2020년 8월 1일
초판 발행 2020년 8월 14일

지 은 이 | 배우정·김수현·증무·배재석
펴 낸 이 | 하운근
펴 낸 곳 | 學古房

주   소 | 경기도 고양시 덕양구 통일로 140 삼송테크노밸리 A동 B224
전   화 | (02)353-9908 편집부(02)356-9903
팩   스 | (02)6959-8234
홈페이지 | www.hakgobang.co.kr
전자우편 | hakgobang@naver.com, hakgobang@chol.com
등록번호 | 제311-1994-000001호

ISBN 978-89-6071-937-8   93720

값 : 13,000원

■ 파본은 교환해 드립니다.